JN046290

神経セラピスト

浅井咲子【著】

「いごこち」神経系アプローチ

～4つのゾーンを知って安全に自分を癒やす

Neuro-Ego
Integrative
Approach
〔NEIA〕

梨の木舎

はじめに

　育児、教育、仕事、恋愛、介護など社会生活をするなかで、自分のことも、他者のことも「厄介、うっとうしい、ややこしい」、と思うことはありませんか？自己啓発本を読み漁り、セミナーにも行った！ついにはスピリチュアルにも足を踏み入れてみたけれど、自分の苦しみはあまり変わらない・・・私、こじらせ系！

　よく分かります！

　その苦しみの根底に潜んでいるのは、実は「トラウマ」。あなたの性格のせいではないのです。「トラウマ」というのは逃げる、たたかう、凍りつくの「防衛反応」、そして／または、危険と世話をしてくれる愛着対象が同一の環境での葛藤の打開策「防衛適応」の名残なのです。文中では、「防衛反応」とか「全体」、「防衛適応」や「部分」と私は言っていますが、呼び方は皆さんの自由です！
今あなたが日常で感じている症状や苦しさは、子どもの頃の虐待やネグレクトなどの過酷な体験、事故や手術などのショックが大きかった体験、その他にも、家族や環境が安全ではなかったときを、生き延びさせてくれたあなた独自の「秘策」であり、過去の「サバイバル戦略」なのです。

本書では関係をいきづまらせて、苦しみをもたらす過去の「サバイバル戦略」への理解を深めます。その多くは心身に浸みついたパターンとして意識にのぼっていないこともあるでしょう。多くの対人援助に携わる方や保護者のみなさん、そして苦しんでいるあなたが、癒やしに必要な要素「T（サーモスタット）、K（カンガルー）、S（スパークリング、炭酸水）」や介入の４つのゾーンを理解することで、日常の少しの努力で改善できることが意外と多いことに気づきます。

　育児、介護、職場、恋愛などの人間関係でトリガー（引き金）を理解し、自身を癒やし〈いごこちをよくする〉チャンスにしていきましょう。日常的になっている過去の名残の防衛反応／適応を「手続き記憶」（Van der Kolk 2014; Levine 2015; Fisher 2017）、いわゆる「自律神経系のクセ」として理解し、修正や修復が加えられると少しずつ苦しみがやわらぎます。

　これからの説明を参考にしながら一緒に、自他を傷つけずに、関係性を Win-Win に導いていくことで、次の世代へのトラウマの世代間伝搬・連鎖を防ぎましょう！

癒やしの作業をする
あなたへ

さく：あさいさきこ　　え：おおこしきょうこ

あなたの悲しみや
生きづらさは、
しんどかった子ども
のころの名残

あなたが今、ここにいるのは
その名残のおかげ

なごり

今も警戒してくれて、
あなたを守っている。
たとえば、

自分で自分を傷つけたり。
過度に落ち込んだり。
自責や恥に苦しんだり。
他人に合わせすぎたり。
ひきこもったり。

そうやって、
あなたは
疲れているんだね。

生きづらさをなんとかするために
取り組みたい、
でも、なんだか怖い。

両方あるよね。
・・・当然なんだ。

大丈夫！

別に、パンドラの箱をこじあけたり、
記憶を無理に掘り起こしたりもしなくてよい。
ただ、

あなたの生きづらさを、
「いつものやつ」「あのパターン」
と名付けてみて。

そして、次の３つのことをやればいい！

なんだろう？

気分が乗らなければ、やらなくてももちろん OK！
でも、情報として知っておいてね。

まずは
サーモスタット（調節の機能みたいなもの）を
インストール。

そうすると
大丈夫な時間が
増えていく。

実際、なにをやるの？

やることは、か〜んたん！

5つの動作[*]をしたり、
拡がる、伸びる音の音楽聴いたり、
鼻歌を歌ったり、
ため息ついたり、
折り紙やぬり絵したり、

5つの動作

ふーっ

ぼーっ

ぎゅーっ

きょろきょろ

にぎにぎ

鼻歌

音楽を聴く

*『「今ここ」神経系エクササイズ』（浅井 2017）を参照

ため息

折り紙やぬり絵

少しだけ集中したら、
それでおしまい。

次は炭酸水。

身体に溜まった、
自分を守るための
エネルギーをちょっと
発散させてあげよう。

振られた
炭酸水は
飛び出しそう！

ゆっくりと…
安全に…逃がしてあげる

そうすると
不快な時間が
減っていく。

実際なにをやるの？

やることは、か〜んたん！

パッキンやペットボトルをつぶしたり、
紙を破ったり、
軽いウォーキングやランニング、
ボールをぎゅっと握る、

ぷちぷちを
つぶす

軽いウォーキング

ボールを握ったり、
はなしたり、くりかえす

カラオケで思いっきり歌うところや
草原を思いっきり走るのを想像してもよいね。

カラオケで歌うのを
イメージ

思いっきり走るのを
イメージ

少しだけすっきりしたら、
それでおしまい。

自分の反応に
苦しんだら、

「これはいつものパターン」、
立ち止まってそう言えるように、
見えるところに書いておこう。

そして、サーモスタットと
炭酸水のことをやってあげてね。

いつものパターンに巻き込まれる時間が減ったら、
カンガルーの親がもう自分のなかにいて、
子どものカンガルーを大事にできる。

生きづらさは
子どものカンガルーが
抱えていたものだから。

どんなときに子どものカンガルーは苦しくなるのか、
興味をもってあげてね。

そして、声をかけてね。
大丈夫、いつも一緒だよ。
つらかったね。もう安心していいよ。

あなた（大人のカンガルー）から、
なぐさめが届くと、穏やかさが生まれる。

22

こうやって、
安心・安全を
感じれば、

生き延びてきた自分に
自分のなかから、
やさしさと称賛が
届く日が必ず来る。

そして、
あなたが生きやす
なることは、

次の世代の
人々の苦しみを
ストップさせるんだ。

あなたは、
大きな貢献を
している！

そんなあなたを心から尊敬し、
応援します！

もくじ

1章 トラウマ、過去の名残
～あなたの苦しみの正体

本章では、苦しみの正体を今は必要ない／不適応になっている「防御反応／適応」とし、そのメカニズムをお話していきます。

1 過去の「サバイバル戦略」が現在に及ぼすもの

　日常あなたが抱えている、自分にも他者にもまつわる「厄介、うっとうしい、ややこしい」、いわゆる「苦しみ」は、実はあなたのせいではないのです。

　あなたが今抱えている悩みは、過去に安全ではなかったということを身体が覚えていて、今も危険に備えているだけなのです。この意識せずに自然と反復してしまっている習慣は、トラウマ（心的外傷）という名前がついているのですが、「自律神経系のクセ」と呼ぶことができます。このクセのおかげでわたしたちは今こうして生き残れているのです。この本を手に取り、読んでくださっているあなたは間違いなく生き残ることに大成功しました。そして、あなたは誰よりも強さを秘めているのです！

　でも今あなたが悩んでいるとしたら、過去の名残が今の生活に浸透し、こびりつき、影を落とし、本来の活力や明晰さを奪っているのかもしれません。過去ではなく、今をいごこちよく生活できるように本書では、その名残である「自律神経系のクセ」にどう働きかけたらよいか、４つのゾーンに分けてヒントを提供できたらうれしいです！

　次の例をみてみましょう。

Ａさん 40 代　女性
　取引先を訪問したときに、エレベーターが一時止まり閉じ込められてしまう。それをきっかけに狭い空間や乗り物に乗

るとパニックになり、毎日が緊張の連続。緊張と疲労の繰り返しで熱を出すことが増えていき、挙句の果てには消耗しきって、現在、うつ状態で会社を休職中。

→　Aさんは仮死状態で生まれました。そして両親は共働きで一人で過ごすことが多く、寂しかった幼少時代でした。また、小児喘息で苦しんだという記憶がありました。学校でも職場でも、周りの顔色を窺い合わせてきた、と振り返ります。「周りに迷惑をかけないようにしてきたのに、こんな形で職場に迷惑をかけてしまうなんて・・・」と力なく語ります。

Eさん 30代後半　女性

　会社で上司が何の気なしに同僚とEさんを比べるような発言をしたとき、彼女はそれが許せなくなって、怒りが込み上げ、ついには泣き出した。周りの人は何が起こったのか全く分からず、次の日からEさんには腫れ物に触れるように接するようになった。

→　Eさんは、子どもの頃、彼女に否定的なことを言い酒癖が悪い父親と「兄ばかり可愛がる」母親のもとで育ちました。優秀で我慢強い彼女は仕事ができて、職場でも信頼されていました。彼女の結婚生活は順風満帆に見えていましたが、夫の言葉や態度での精神的暴力に苦しみ、2年前やっと離婚が成立したのでした。

彼女は認められたい一心で上司をサポートしてきましたが、上司の悪気ない発言によって打撃を受け、自分の価値を下げられたと感じ、「職場で上司には自分なりに尽くしてきたつもり。こんな仕打ちってありますか？」とＥさんは怒りを露わにしました。

　自分が圧倒されないよう、傷つかないように動物の本能、防衛反応／適応である「たたかう」、「逃げる」、「凍りつく」、「服従する」、「助けを求める」をわたしたちは駆使して生きています。「なんか人生うまくいかない・・・」となったときに、それが過去を生き延びた神経のクセであるとは、あまり思いませんよね。でも、日常のささいな危険のサインを察知し、対処してくれているのは環境からの信号を受け取った自律神経系です。

　自律神経系とは大きく分けて交感神経と副交感神経に分かれます。車で言うアクセルの交感神経系は緊張したり、興奮したりしてたたかう、逃げる反応をしてくれます。

たたかう　　逃げる

　または、たたかうのも逃げるのも難しくなると凍りつくという状態になります。動けなくなったり、外界とのつながりを断って遮断したり、その場から離れ「お留守になる」という身体的な解離をするということもあります。それが急ブレーキの副交感性神経系の反応です。こうやって私たちは、窮地のときに極度の温存状態に

入ることで命を守ってきたのです（Fisher 2017; Kain & Terrell 2018；Levine 1997；Porges 2011）。

凍りつく

　または、後述しますが、アクセルとブレーキを同時に踏んでしまったときのように同時稼働をさせてしまうこともあります。そうすると交感神経系が過剰に働いたまま、それを封じ込めるように急ブレーキの神経が働くので、停止状態になるのです（Kain & Terrell 2018；Levine 1997）。

　先ほど出てきたＡさんの例では、逃げるために使うエネルギーが極度の温存状態に陥ったことで体内に閉じ込められ、様々な症状をつくっているのです。

　その他に副交感性神経系のなかには、人とつながるという働きをする腹側迷走神経系と、休息や消化をする背側迷走神経系があります（Kain & Terrell 2018；Porges 2011）。

つながる　　休息・消化

　次ページのサバイバルモデルにあるように普段くつろいで誰かとつながっていたり、一人でのんびりしているときは一番下の状態、何か危険を察知して警戒したり、回避しようとしているときは中段、

たたかうことも逃げることもできなくなると、動けなくなる上段というように、だんだん神経系の状態が変わっていくのです。

サバイバルのモデル

　また危機の時に誰かに親密さを示すことで助けを求めたり、服従したりするのは、ただ一つの神経のみが働くわけではなく、さまざまな神経系が一緒に稼働しているからです（Fisher 2017；Porges 2011）。

服従する　　　**助けを求める**

　2章で後述しますがEさんの場合は、上司のちょっとした言葉がトリガー（引き金）になり、アタッチメント（愛着）のシステムが触発され、自分の価値が下げられたと感じ怒りを爆発させたのです。育った環境のなかで、これらの神経系がどのように発達し、使われてきたか、ということが自律神経系のクセやパターンになるのです。

アタッチメント（愛着）　　　怒りの爆発

2　アタッチメント（愛着）と神経系の形成、そして防衛策へ

　アタッチメント（愛着）という言葉を聞いたことはありますか？アタッチメントとは、私たちの関係性のパターンを作るおおもとになるものです。もともとアタッチメントは、危険の際に本能的に近接な一人からの庇護を求める行動です。わたしたちは命を脅かされそうになると主に養育してくれる人のもとに寄り、守ってもらおうとしたり、温かさや心地よさを求め、単純にピタッとくっつくようにできているのです。

　そして、お世話をしてくれる人の乳幼児へのかかわり方が、自律神経系のクセやパターンを作り、その後の関係の鋳型となるとも言われています。そして、かかわってくれる人からの頃合いのよい刺激は、新生児の脳の形成に大きく影響し、未来の社会的、感情的な対処〔・耐久〕能力になるのです（Shore 2003）。

　神経系が活性化し緊張や興奮をしたのち、落ち着き、リラックスするということを繰り返すのを自己調整（self-regulation）と言います。自己調整力があれば、興奮しても落ち着き、緊張してもリラッ

クスが訪れることが予測できる状態でいられます。また、誰かといても落ち着けてくつろげるし（協働調整）、1人でも安定して穏やかでいられる（自動調整）という、両方の調整方法を使い分けられるのです（Kain&Terrell 2018）。

　誰かといて安心を感じ落ち着く、という社会的につながる神経である腹側迷走神経系は、完成した状態では生まれてきません。お母さんのお腹にいる周産期頃から思春期頃まで発達が続きます。この神経が発達するには他者、主にお世話をしてくれる人から自分の興奮、緊張、そして不快感をおさめてもらい、一緒に穏やかさや安心といった心地よい感じを味わうという経験（協働調整）が必要です。自分の腹側迷走神経系が未発達なうちは、自らの調整不全を、他者によって調整してもらう経験を繰り返さなくてはなりません。そうすることで腹側迷走神経系が発達し、機能する（働く）ようになってくるのです（Kain & Terrell 2018, pp.65-67）。

協働調整

　つながることで安心の感覚を定着させ、興奮し過ぎたら落ち着かせてもらい（下方調整）、元気がないときはよい覚醒を与えられる（上方調整）ことで、適度な拡張と収縮のリズムとその一貫性が身についてきます。そして、不快な経験をしても、必ず修復が起こる

という予測性が身に付くことによって負荷からの回復が期待できるので、人生において積極的にチャレンジしていけるようになります。すると神経系の許容範囲も広がり、刺激やストレスへの耐久性もできてきます（Fisher 2017）。

　子どもは自分の神経系が落ち着き快適さを感じると、自律 / 自立が促されます。ですから子育てとは神経系の観点から言うと、協働調整のプロセスなのです。落ち着きや程よい覚醒を状況に応じて提供することで、レジリエンス（神経系の柔軟性、回復力）が育まれるのです（Phillips & Porges 2016）。こうやって神経をサポートされて成長するなかで、私たちはストレスに強く、しなやかに対応できるようになるのです。

　面白いことに、この神経系のパターンやつながりの鋳型を形成するアタッチメントは文化や言語、地理的境界を越え普遍的です。健全な愛着とは、他者といて安心することも、自分ひとりで安定することもできるということです。そして安定していないアタッチメント（レジリエンスの乏しさ）とのちがいは、自分で落ち着くのと誰かといて安心するというこの2つの調整方法を使いこなす能力の差です（Kain & Terrell 2018, pp.15-16）。この2つの調整方法があれば、安定性のレベルが保たれ感情の調整もでき、俯瞰したり、分析したりといった能力も発達させていけるのです（p. 21）。そうすると理不尽にキレたり、批判したり、糾弾したり、攻撃したり、逆に遮断したり、虚脱したりという緊急事態の防衛を過度に稼働しなくてもよくなるのです。

アタッチメントの様式は次のようになっており、大きく分けると安定型と不安定型（Ainsworth, et al., 1978）に分かれます。

　ここでは、分かりやすいようにサンタクロースのたとえを使います。

〜サンタクロースのたとえ

安定型
　サンタが年に一度来るのを楽しみに待っていますが、サンタがいなくても日々を穏やかに過ごし、たまにクリスマスにサンタが来るから、いい子にしてようと思い出したりもします。大人になると機会があったら、この経験を次の世代の子どもたちにもさせてあげたいな、と思ったりもします。

　次は、不安定型のひとつ、回避型といわれるものをみてみましょう。
　回避型の場合、本当はプレゼントが欲しいのにサンタに期待をしなくなる、ということをします。「どうせサンタクロースなんて来ない、来なくてもよい！自分でプレゼントを買うからもういい！サンタなんて必要ない！」　一見サンタを必要としていないように見えるのは、来ないサンタをずっと待った経験と痛みを抱え、そのつらさに耐えることを回避するためです。大人になっても、この名残は残っていて、本当は求めていながらも、感情的に満たされるもの、

温かさを感じるものからあえて距離を取ったりします。

　他にも不安定型には、不安型があります。サンタのことを一日中ずっと考えて、待ち続けます。そして、サンタが現れると「何でもっと早く来てくれなかったの？！」と怒り、なだめるのがなかなか難しかったりします。大人になると、サンタのような愛着対象をいつも探し求め、いったんターゲットが定まると、連絡を頻繁にとらずにいられなくなり、不安で躍起になります。そうやってサンタとの関係に囚われやすくなります。LINE、SNS を頻繁にチェックして、サンタが唯一の心の拠り所となり、やっとサンタが現れると怒ってさみしさを爆発させます。

　上記２つの様式は、親密な関係性においてある程度パターン化がみられます。

　言動のパターンが予期できないのが次の無秩序型です（Main & Solomon 1990）。

　無秩序型は、サンタにまとわりついたかと思うと、攻撃を加えたり、サンタから突然逃げたりします。接近と回避の葛藤を抱え、その時その時で、気分が変わりやすく、本人もなんでそんな気分になっているのかは分からないことが多いです。

　大人になると、サンタこそが救いの神や万能な保護者と認識して心酔したかと思うと、その後、少しの落胆や不在にも耐えられなくなり激怒し、サンタの全てをこき下ろしたり、突然連絡手段を全てブロックしたり、恐怖で避けたりします。その言動は、傍から見ると予測不可能で不可解なのですが、当人にとっては場面毎に「必然の防衛策」をとっているだけという認識のことがよくあります。

とくに胎児期も含む、乳幼児期から５歳くらいまでの年齢（または その後）の逆境的な体験は、この神経系の発達、調整能力に大きく影響を及ぼし、「発達性トラウマ」と呼ばれています。神経系の調整能力が十分にないばかりでなく、その上にショックやストレスなどの体験が加わった場合、調整不全の度合いが複雑になっていきます（Van der Kolk 2014）。複雑性 PTSD、DESNOS（極度のストレスによる特定できない障がい）といわれてもいます。

　神経系やアタッチメント（愛着）の観点から見ると、あなたの苦しみの原因は、幼少の時の協働調整の欠如やその質が充分ではなかったということになるかもしれません。ゆえに、つながり神経（腹側迷走神経系）と休息・消化の神経（背側迷走神経系）で構成される神経の基盤がうまく機能せず、サバイバルの状態にならざるを得ないということなのです。ですからもとは、あなたの問題や責任ではないわけです！
　逆に、この２つの「神経の基盤」があれば、安心・安定が自分の内側から実感でき、自分の内面から癒やされるという条件が整うことになります。その基盤を構築する作業は、最も優先されることであり、その基礎的な作業はとても地味で、繰り返しが多いものです（Kain & Terrell 2018）〔実践について本書３章【ゾーン１】と４章事例を参照〕。一見ドラマティックではない単調で地道な繰り返しのなかで、神経系の基盤が築かれ自己調整力が育まれます。

　そして、この基盤があるということは、「二重の気づき」が保てる生理的な状態を手に入れるということです。

　「二重の気づき」とは、
・自分の感情や感覚に圧倒されることなく、内面で何が起きているのかを観察することができる
・「防衛反応／適応」を用いずにいられる、さらに、防衛の状態に入っていることに気づける。

ですから、たとえサバイバル状態になっても、必要がない場合は状況を正しく判断し、神経の基盤に戻り、つながって安心したり、一人でくつろいだりできるということです。「二重の気づき」とはある程度、サバイバル状態を統制できているという指標になるので、安全に癒やしを進めるためにはなくてはならないものです。
本書では３章で具体的に何ができるかを紹介していきます。読者のみなさんにも無理のない範囲でやってもらえたらうれしいです！

3　発達性トラウマの様相

　発達性トラウマの特徴である苦しみのパターンは、主として身体症状としてあらわれるか、人格や感情にあらわれるか、もしくはそのどちらもか、に分かれます。防衛策が普段の日常の「安心・安定」を阻害するので、心と身体、関係性、社会生活を送る上での悩みとなります。

　発達トラウマの原因は早期の体験のなかでも、下記のものが主にあげられます（Ibid. 2018, p.157, p.163）。

・主養育者、その他からの身体的、心理的、性的、教育的虐待、ネグレクト
・（配偶者間、家族のメンバーによる）暴力の目撃
・小さい頃の主養育者と離れなくてはならない入院、手術
・主養育者との分離・別離、再三の変更
・収容体験、長引くストレス下の避難所での生活
・胎児期のストレス、出産時の困難

　発達性トラウマとは、大きく二つに表出のされ方が分かれ、片方、もしくは両方を経験します。

身体症状としての表出
・身体症状、社会生活の機能の低下、刺激への過敏さ、神経系の調整不全（過度の警戒、多動などの過覚醒、うつ状態、慢性疲労などの低覚醒）。防衛策の多くは感情に関係したものであっても、

影響の多くが身体の器官に深く抱え込まれ、症状化する。そして、〔飲酒や喫煙などの〕健康リスクを高める行動へと反映されることもある。(Ibid. 2018, p.175)

心理・感情面における表出
・日常の関係性の困難さとして（教育、介護、恋愛、パートナーシップ、家庭、仕事、子育て etc.）、人格や感情面に反映される。自己の統合のなさ（内面の断片化）、ハラスメント体質、（意識的にも無意識にも）他者を傷つける悪意ある言動として。

　1章の1．の冒頭で紹介したAさんもEさんも、神経の基盤のなさという共通点はありますが、どちらかというとAさんは、身体症状として苦しみが現れています。Eさんは感情面の難しさを抱えている状態です。次に説明しますが、Aさんは主に防衛反応、Eさんは防衛適応で対処しているというちがいがあります。では2つの対処策のちがいをみていきましょう。

4　今は必要ない防衛反応と防衛適応〜2つのちがい

　単回性（1回）の事故などによる心的な後遺症を、衝撃性（ショック）トラウマと言います。一方、長年にわたる幼少期からの虐待やネグレクトなどの継続的な悪影響を発達性トラウマと呼び、介入や癒やしの展開が異なります。このアプローチでは、トラウマの種類による区分や記憶への働きかけというよりも、過去の名残の自律神経系のクセをとらえることで、神経系のニーズを満たしていきます。

なぜなら記憶が発達するのは、だいたい3歳前後ぐらいからで、子どもの記憶のあり方は大人のあり方とはちがいます（Kain & Terrell, 2018）。さらに圧倒される体験というのは記憶のあり方が通常とは異なるので（Van der Kolk 2014）、起こったことの衝撃が強ければ強いほど、わたしたちは自分を守るため身体的・心理的解離をします。ですから、全く記憶がないということもあるのです。

　よって、自律神経系のクセを見ていくことで、今何が癒やしのために必要なのかを一緒にご本人と考えていきます。大きく分けて、私は、全体を使う総力戦である「防衛反応」と、部分を切り離して使う分散戦である「防衛適応」の2つに分けています。

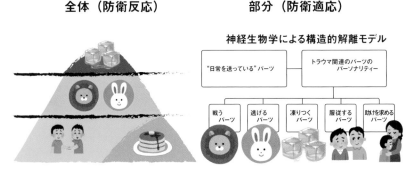

（Fisher 2017）

　それでは、全体（防衛反応）と部分（防衛適応）について神経系の観点から説明します。まずは、全体（防衛反応）からです。

　Levine（1997；2010；2015）によると、過去に、または幼少期にストレスが個人の神経系にとって、（許容量より）多すぎる、（発達段階にとって）早すぎる、（速度などが）速すぎる、そして / ま

たは、その場から避け（逃げ）られない、環境に耐えられないとなったとき、自律神経系の１つの分枝、車で言うアクセルの交感神経系を働かせます。心身を緊張や興奮させたりして、たたかう、逃げる反応をしてくれます。危険が去って、生き残るためのエネルギーが身体から熱、震え、涙、汗などとなって放出され、危機モードが解消されて落ち着きに至らないと、心身には高い興奮や緊張が残ったままになります。そうなると、身体は心拍の上昇、呼吸困難（速い、浅い、息切れ）、冷や汗、うずき、慢性疼痛、緊張、誇張された驚愕反応、眠れないなどの状態になります。感情や精神は、不安やパニック発作の傾向、躁状態、激しい怒りの爆発、過度の警戒、駆け巡る思考、心配にさいなまれるようになるのです。

　ここでは、交感神経系が活性化され続けている状態を「高止まり」と呼びます。

「高止まり」

　または、たたかうのも逃げるのも難しくなると凍りつくという不動状態になります。外界とのつながりを断って遮断したり、身体的な解離をして現実から離れて「お留守になる」ということもあります。それが急ブレーキの副交感性神経系の反応で、極度の温存状態です。

　そうなると身体的には、低いエネルギー、極度の疲労、無感覚、

低い筋緊張、消化不良、心拍と血圧の低さ、免疫機能の低下がみられます。感情や精神の反応は、うつ、解離、無気力、他人とかかわれない、無反応になります（Ibid.）。交感神経系が働き過ぎて、不動状態の副交感神経系に「切り替わる」ということが起こっています（図）。

「切り替わり」

そして／または、車でいうとアクセル・急ブレーキを同時に踏んだ状態のように両方が過剰に稼働することもあります。うつに内在する不安、筋肉に力が入らない一方で身体の一部分がこわばる、下痢と便秘を交互に繰り返す、などの相反する症状を同時に持つようになります。他にも、偏頭痛、過敏性腸症候群、慢性疲労、線維筋痛症、自己免疫疾患などに苦しむ場合もあるでしょう（Ibid.）。これらの症状は、２つの種類の神経が同時活性化しているからです。

「アクセル・急ブレーキ」

「高止まり」、「切り替わり」、「アクセル・急ブレーキ」は、「自己調整」

ではなくサバイバルの状態です。Ａさんの場合、仮死状態で生まれたという「周産期のトラウマ」がおおもとの神経系の鋳型となり、養育者との協働調整の欠如によりアタッチメント（愛着）がうまく形成されなかったこと、小児喘息という気管を収縮させる防衛の仕方が加わり、システムに負荷がかかっている状態でした。その上にエレベーターで閉じ込められたため、負荷に耐えてきたＡさんの神経系は、氾濫状態になりました。緊張と疲労を繰り返し、発熱し、うつ状態になったのです。Ａさんには、この３つのサバイバルのパターン全てが現れており、調整不全に陥っています。

　単回性の事故や怪我などの衝撃（ショック）トラウマの場合、防衛反応は、「あの場所にいくと、あの音を聴くと・・・あの反応が出る」のように場面が特定され、恐怖の対象が、時間、場所、特定の人物や物など比較的はっきりしていることが多いです。普段は調整された状態にあっても、特定の状況になると調整不全を起こします。これを、反応が「状況依存的」である、と言います。

　このように原因が特定できている場合、そのときできなかった自分を守る反応を完了してあげることで、神経系から「たたかう・逃げる」に使うはずだった高いエネルギーが放出され、症状が和らいだりします（詳しくはソマティック・エクスペリエンシング ™ 療法 HP、sejapan.org をご覧ください）。

　ただ衝撃トラウマでも、圧倒された度合いが強い場合や、元々、発達性トラウマによるアタッチメント（愛着）の形成不全がある場合は、状況依存的な反応ではなく、あらゆる刺激が神経系への負荷になり、日常の些細なストレスや刺激の蓄積によって簡単に調整不全を起こす、もしくは調整不全が日常的になるということが起こります。人によって同じような事故や怪我でも回復の経過や後の後遺

症の深刻さに差がある場合は、発達性トラウマによる神経の基盤の形成不全について考えてみるのもよいでしょう。

　ここまで解説したのは、全体を総動員する防衛反応のあり方です。まとめると下記のような状態です。
　防衛反応の場合、個人が全体で、たたかう、逃げる、凍りつくなどの対処をしているということになります。ですから、怖がっている、怒っている、症状にいつも常に苦しんでいる、などが個人のパターンとして一貫して現れます。神経の基盤を構築するのと、防衛反応を完了させて反応を落ち着けるというのは非常に役に立ちます。そしてエネルギーの循環、供給、配分が良好になり、生命の活力を取り戻せます。

　しかし、主養育者とのアタッチメント（愛着）にまつわる問題が、不適切な養育などにより葛藤を引き起こしている場合、つまり、助けを求める相手と危険の源が同一という矛盾が問題になっているときは、少し話が複雑になります（2章のトラウマ的アタッチメントを参照）。そして言語や記憶がある程度発達してくると、私たちは、次に述べる、部分（防衛適応）を駆使できるようになるのです。ですから、アタッチメントにまつわる葛藤や矛盾に働きかける方が神経系のニーズに応えられる場合が多くなるかもしれません。

　では、部分（防衛適応）について説明していきます。防衛適応とは、個人が自分というものをバラバラに分けて、部分、部分で対処しているという意味で私はこの言葉を使っています。難しい名前では「構造的解離」と呼ばれています。日常を送る自己と、サバイバ

ル状態を担う複数の部分（パーツ / パーツたち）が稼働する防衛策です（Van der Hart, et al.,2006; Fisher 2017）。前述した全体（防衛反応）とは、次のようなちがいがあります。

神経生物学による構造的解離モデル

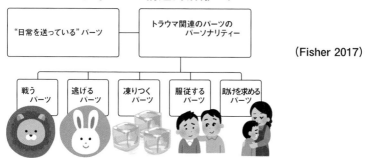

（Fisher 2017）

　部分（防衛適応）での対処は、アタッチメント（愛着）にまつわる葛藤状況への妥協策です。皆多かれ少なかれ、愛着対象が危険人物というパラドックスを背負って成長してきています。その際に、自分の全体で対応すると矛盾や葛藤に耐えられないため、自分を分断させて使う、というとても洗練された方法です。たたかう、逃げる、凍りつく、明け渡す、助けを求めるといった本能的な防衛を自分と切り離して稼働させます。この特殊な能力は、場面毎に妥協して生き抜くために個人を救い、折り合いをつけるという素晴らしい役割をはたしてきました（Fisher 2017）。

　しかし一方で、個人が一人の連続した存在であるという意識を持ちにくくさせてしまいます。このつながりのない意識の状態、統合を欠いた状態を断片化（部分に切り離して対処する）と呼び、主に人格や感情のギャップの問題として表出します。

　Eさんの場合、上司の何気ない発言が彼女の断片化された部分の

トリガー（引き金）になり、突然の反応を引き起こしたのです。普段社会人として機能しているＥさんとは、似ても似つかない言動に、周りはギャップを感じるのです。

　繰り返しますが、トラウマとは、「今」は必要ない／不適応になっている「防衛反応／適応」の組み合わせです。これは、今現在では、エネルギーの無駄遣いをしているわけです。傍からみれば、苦しみを自分で作りだし、自分で反応しているという自作自演にも見えかねません。ところが、そこにはもっともな自律神経系の"原因と結果"があります。防衛反応・適応も当然な対処としてみなし、どの刺激や場面で、どのように防衛策を稼働させているかを予測し、調整へと戻っていくスキルを獲得していく（Dana 2018）ということをしていくのがトラウマの癒やしの作業なのです。

　心身は、その時には役立った危険に対する防御策を、手続き記憶（Van der Kolk 2014; Fisher 2017; Levine 2015）、「自律神経系のクセ」として反復してきたので、新しいスキルやツールといった馴染みのないものを脅威と受け取ります。特に前述した「防衛適応」の場合、あるパーツに役に立つこと（資源）が他の断片化されたパーツには危険因子とみなされることもあるため、なかなか根付かないという難点があります（Fisher 2017）。

　トラウマを克服していくプロセスはまさに「道」です。自分で気づいて癒され「いごこちのよさ」を獲得していく過程です。自律神経系のクセを知り、自分に思いやりや共感をたくさん育んでいく旅路なのです。次章からは、自分への共感（self-compassion）がしやすくなるための情報やコツを紹介していきます。

2章

癒やしのために 〜4つのゾーンとTKS

T（サーモスタット）K（カンガルー）S（炭酸水）

　本章では、生きづらさの正体をさらに掘り下げ、癒やしに必要な4つのゾーンと冒頭のお話に出てきた「T：サーモスタット、K：カンガルー、S：スパークリング（炭酸水）」について解説していきます。

1 苦しみにまつわる３つの「ない」

苦しみ＝過去の防衛反応／適応の名残というお話をしてきましたが、これには３つの「ない」が共通して見られます。

A）神経に基盤が「ない」

自分で落ち着く、誰かといて安心する、という２つの神経系の調整がない状態。１章で説明したように協働調整の乏しさに起因しています。

B）連続した意識の自分が「ない」

愛情と危険の矛盾の多い環境の中、その時々で自分を「断片化」させて生き延びた結果、連続した「自分」という意識が途切れている状態です。先述の「部分（パーツ）」である防衛適応によるもので、構造的解離（Van der Hart, et al., 2006）と呼ばれています。日常を送るパーツと、トラウマ関連のパーツたちに分かれています。これを自律神経系の機能で説明したのが右図の神経生物学による構造的解離モデルです（Fisher 2017）。

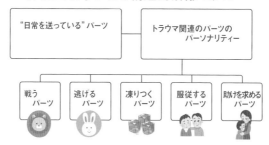

神経生物学による構造的解離モデル

C）関係に安定性が「ない」

　トラウマ的アタッチメントと呼ばれるものです。その特徴として、「親密さへのあこがれ」と「様々な防衛」が（自律神経系のクセとして）連動するしくみになっています。

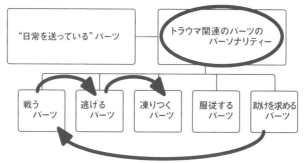

神経生物学による構造的解離モデル

　A）とB）については1章で少しふれましたので、C）のトラウマ的アタッチメントについて、次に説明をしたいと思います。

2 トラウマ的アタッチメント

　J. フィッシャー（2017）は、30 年にわたるトラウマ臨床をもとに、葛藤下において内面を部分的に用いる心理的な解離を扱ってきました。そして神経生物学による構造的解離モデルを提唱しました。パーツたちを使って分散戦をする防衛適応について、次のようにアタッチメントとの関係をより詳しく説明しています。

　同氏はアタッチメントを「関係性の習慣」として考え、初期の体験の質が高ければ高いほど、大人になるにつれて苦痛に耐える能力が向上すると述べています（Ibid.）。感情の耐性、自己慰撫力（自分を落ち着かせ穏やかにする力）、統合された自己感覚は特に、生後 2 年間に獲得した自己調整に左右されます（Shore 2003）。

　しかし、虐待やネグレクトなどがある成育環境で安心の源と危険の源が同一の場合、「助けを求め愛着を示す」のと、その他の「たたかう」、「逃げる」、「凍りつく」、「服従する」の防衛が連動するようになります（Liotti 2011; Fisher 2017）。なぜなら、恐怖を感じた際に、親密さによりなぐさめを求めるのと、相手からもたらされるであろう傷つきから自分を守るための防衛が一緒に起動するからです。そうなると、親密さも距離も危険に感じるという接近 - 回避の葛藤を持つようになります。前述の無秩序型と呼ぶこともできますし、「トラウマ的アタッチメント」とも言います。

　この、親密さによってなぐさめを求めるのと様々な防衛の連動は、初期の記憶なのでほとんどが潜在的であり、「自律神経系のクセ」なので意識できません。そして成人後の全ての関係においてこのトラウマ的アタッチメントは影響を及ぼします。この神経のクセは、セラピストとの関係でも例外なく浮上してきます。そしてセラ

ピーをいきづまらせるものとして、程度の差はあれ課題となります
（Fisher　2017）。

　次の例をみてみましょう。（Kさん、30代男性）

> 成功している会社経営者。彼は、温かい家庭を築きたいとい
> う夢と理想がある。
> しかし、関係性は3カ月以上続いたことがない。やさしそう
> な女性と出会うと、すごいスピードでデートに誘い、急速に
> 親密な関係になるのだが、ある時から突然相手の欠点ばかり
> が気になりはじめ批判的になる。そして、すべてが嫌になっ
> て連絡を取らなくなる。
> その結果、今度は相手が距離を取り出すと、見捨てられる恐
> 怖に苛まれ、相手からの連絡をいつまでも待っている。

　この葛藤や矛盾したパターンはトラウマ的アタッチメントによる
もので、神経生物学による解離モデルでは、個々のパーツが次のよ
うに触発し合っていることになるのです。

　Kさんの場合、愛着パーツがある程度親密な時間を過ごすと、急
にたたかうパーツが、関係がうまくいかなくなって無防備になるこ
とを防ごうと相手の欠点を探して批判をし始めます。そうすると逃
げるパーツが、関係から逃れようと回避行動を取り、連絡をしなく
なります。その結果相手があきらめて離れていくと、今度はそれに
愛着パーツが触発され見捨てられ不安がわいてくるのです。これを

関係性の中で延々と繰り返すのは関わる人のことも傷つけますが、本人にとっても、もちろん苦しいことです。

　前述のようにセラピストとの関係でも、この愛着パーツとその他の様々な防衛パーツとの葛藤が繰り広げられます。ですから、トラウマ的アタッチメントに関しては、セラピストとの2者間の関係性を使って修復体験を提供するということはしません。治療のなかで起こったことを関係性の文脈で捉えるということはせず、トラウマ的アタッチメントを本人のなかでの葛藤として解釈し（Ibid.）、自分のなかで起きていることを観察する能力を培っていきます。

3　3つの「ない」に取り組むために、まずは理解したいこと

　トラウマ的アタッチメントは、恋愛関係やセラピストとの関係だけに限ったことではありません。パートナーシップ、夫婦関係、子育て、介護、職場や仕事での人間関係、友人関係全てにおいて助けを求める愛着パーツが触発されるようなことがあると、防衛パーツたちが助けにくるという葛藤のドラマが繰り返されるのです。
では、Kさんのような3つの「ない」を「ある」に変えていくためにどうすればよいのでしょうか？

　Kさんの場合は、愛着のパーツが「大事にされる」「愛されている」と感情的に満たされてくると、防衛パーツたちが、相手が自分の歓びの全てを掌握しているような危機感を覚え始めます。神経系が愛情を受け取り、無防備でいても耐えられるだけの許容範囲を持って

おらず、調整不全になったことで、内面はサバイバル状態に陥ったのです。ですから、ある程度、落ち着いて二重の気づきのある状態にいられるために、Ａ）神経の基盤が「ない」、へのアプローチである安心の経験を少しずつ定着させて、基盤を構築していく必要があります。

　Ｂ）意識の連続性が「ない」、に関しては、神経系の基盤の構築に取り組みながら同時に、さまざまなパーツについて説明し、その活動を理解していきます。断片化に気づき、起こっているどんな感情も解離させずに自分のものだと受容できることを目指していきます。そして自分という意識が「連続している」ということを習得します。

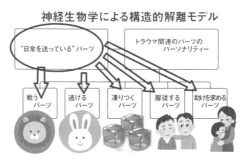

神経生物学による構造的解離モデル

"日常を送っている"パーツ

トラウマ関連のパーツの
パーソナリティー

戦う
パーツ

逃げる
パーツ

凍りつく
パーツ

服従する
パーツ

助けを求める
パーツ

　Ｃ）関係に安定性が「ない」、では特に、トラウマ的アタッチメントのシステムが稼働する発端である、愛着パーツの親密さへのあこがれと、防衛パーツたちの稼働である「急に不安になる」、「不信

感を持ち、相手を疑い出す」、などを解明していきます。Ｋさんの
ような場合、関係性で癒やされて、自分以外の他者から愛され大切
にされるようになりたいという強い欲求を持ってセラピーに来るの
ですが、まずは、他者との関係からではなく、自分のなかに内的安
定型愛着を育むということを練習していきます（具体的には３章
で解説しています）。内的愛着が自分の中に既にあると、自分の愛
着パーツが満たされている状態で他者とかかわるので、関係性も良
好で気楽なものになっていきます。

4　神経自我統合アプローチ～４つの区分（調整、解決・変容、全体、部分）

　３つの「ない」について概説をしましたが、基本的に生きづらさ
に取り組むアプローチは、大きく２つに分かれます。「調整ワーク」
と「解決・変容ワーク」です。「調整」と「解決・変容」、この２つ
の大まかな区分を縦軸とし、そして、「全体」で総力戦（防衛反応）
と、「部分（パーツ）」での分散戦（防衛適応）を横軸とします。そ
して、この４つの区分のどこにいるのかを解明し、その時どきで必
要なことをやっていきます。

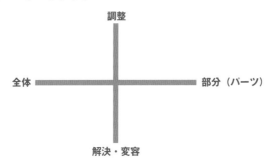

まずは図の縦軸、「調整」と「解決・変容」、この2つには、次のようなちがいがあります。

調整

・トラウマに働きかけるための心身の状態を整える。
・発達性トラウマのために欠けている神経基盤の構築をする。
・交感神経が活性化した後には、副交感神経系で落ち着く、というのを継続して繰り返せるようにする（自律神経系の予測性と一貫性）。
・自分の反応を観察、俯瞰できるようになることを目指す（二重の気づき）。

解決・変容

・反応を俯瞰できることがある程度可能になり、サバイバルの状態が統制できるようになったら、トラウマの記憶や症状に働きかけ、反復されてきた過去の反応を変化させる。
・トリガー（引き金）に対し、今、ここに根差した反応が可能になることを目標とする。
・原因や記憶を掘り起こす作業ではなく、現在、何にどう苦しんでいるか、を探るなかで過去の名残を見出し、変化させていく。
・過去の傷ついた子どもと今の自分との関係を良好にする。
・いわゆる段階的に記憶に取り組むトラウマ治療がうまくいくのは、自己調整力と柔軟性を神経系が帯び、気づきを伴いながら4つの神経系の状態間（つながり／休息・消化／たたかう・逃げる

／凍りつく）を行き来できるようになってから。

・調整ができていればいるほど、トラウマそのものに取り組むのは容易になり、数セッションで変化へと向かう。

・防衛反応／適応も過去の子どもだった時の生存戦略であることを理解し、今はもっと負担が少ない洗練された対処方法を身につけることを目指す。

　一刻でも苦痛を早く取り除こうと、調整による神経基盤の構築なしに、苦痛の記憶を思い出したり、体感して再体験すると、一層過去の名残である防衛反応／適応が強化され、余計圧倒されるということが起こります（再トラウマ化）。

　もう既にたくさんの優れたトラウマ療法があります。それらのトラウマ治療の手順に従いトラウマの記憶や症状に働きかけていくには、神経の基盤にいて、自分の中に起きてくることに巻き込まれずにいることが必要です。そして、徐々にサバイバルの状態を解除していくことで、神経系のレジリエンス（柔軟性、回復力）が程よい筋トレをしているときのように鍛えられていきます。優れた療法ほど「調整」と「解決・変容」の両方の要素を兼ね備えています。

　これに横軸である、「全体」（防衛反応）と「部分」（防衛適応）が加わります。人は「いろいろな部分がある全体」で、過去、または幼少期などの自分を守る資源が比較的少ないとき「全体を総動員で反応した」か、葛藤に対処するために「部分を切り離して適応した」かで、自律神経系のクセのあり方がちがってきます。年齢が低いほど全体を駆使して自分を守り、脳（記憶や言語）が発達するにした

がって部分を切り離して使えるようになってきます。わたしたちはどちらの防衛策も必要に応じて使い分けてきたので、今こうして生存しているのです。そして、自分の「やっかい、ややこしい、うっとうしい」といった課題に取り組むことは、トラウマの世代間伝搬を防ぐという次の世代への大きな貢献になります。ですから、これまでのセラピーがうまくいった方も、そうでない方も、まずは自分自身を褒めてあげてくださいね。

概要

「全体」（防衛反応）

【現状】個人が一つの全体として防衛反応をしている。命の危険や圧倒されるのを防ぐため。たかう、逃げる、凍りつく（不動、虚脱、外界との遮断、身体的な解離も含む）。

【目標】神経基盤の構築。防衛反応の完了やエネルギーの再循環を目指す。

【アプローチ】神経生物学的モデルと言われている療法の適用（ソマティック・エクスペリエンシング ™ 療法、ポリヴェーガルセラピー、センサリーモーター心理療法など）。

「部分（パーツ）」（防衛適応）

【現状】葛藤状態を生き延びた結果として、個人が断片化され、部

分（パーツ）が防衛適応をする。

【目標】心理的な解離であるパーツたちを意識できるようにする。内的対話・内的協働・協調（Schwarz et al.,2017,pp.210-212）を目指す。

【アプローチ】内的な葛藤や対立状態を扱う療法を適用（内的家族システム療法、自我状態療法、スキーマセラピー、総括的リソースモデルなどのパーツアプローチ）。

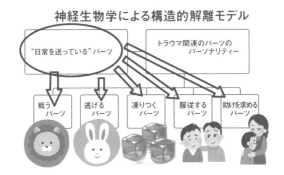

神経生物学による構造的解離モデル

見分け方（特徴）

「全体」（防衛反応）

・高い緊張や興奮などの過覚醒、またはうつや疲労などの低覚醒、もしくはその両方が、常に一貫して見られる。

・不安・パニック・激怒と疲弊・うつ状態などの急な乱高下を繰り返すジェットコースター状態（サバイバル状態）。

・過敏性腸症候群や偏頭痛などの身体症状。

・外に出られない、日常生活をこなせないなどの機能低下。

・身体感覚が感じられなくなる、ここにいる感じがしない。

・主訴が一貫している（他者からも身体症状、思考のあり方などの予測がつく）。

「部分（パーツ）」（防衛適応）

・（内面の断片化、心理的解離の）パーツにより、一部分のみを使っているため、あまり活性化がみえない、または抑え込まれている。
・連続性、統合を欠いている（主訴がコロコロ変わる。語りのなかでも一貫性がない）。
・アタッチメントのシステムが刺激されると攻撃が自分や他者に向かう。
・アタッチメントにおける接近―回避の葛藤を抱えている。
・豹変する、スイッチが入る。
・同一人物のなかで高度な仕事をこなしたり、人を魅了したり、気に入られるように振る舞ったりといった高機能なときと、子どものように退行したり、反社会的な言動をしたり、または日常できていたことが急にできなくなったりする低機能なときのギャップとして現れる。

介入

「全体」（防衛反応）

→神経基盤の構築、ストレスや刺激への耐性を高めていくこと。未完了の防衛反応が完了に向かい、生命のエネルギーが循環し出すのを目指す。凍りつき状態の解消。サバイバル状態から、安心・安定へ。

「部分（パーツ）」（防衛適応）

→断片化された内面に取り組む。自己の強化。防衛適応と過度に同一化した状態から、それをパーツとしてみなし、自己の内面からなぐさめや共感を届けられるようにする。内的な安定型アタッチメントを構築。自分自身が癒やしの主体になるように。

	全体（防衛反応）	部分（防衛適応）
概要	【現状】個人が一つの全体として防衛反応をする。命の危険や圧倒されるのを防ぐため。たたかう、逃げる、凍りつく（不動、虚脱、遮断、身体的に解離も含む）をする。 【目標】未完了の防衛やエネルギーの再循環を目指す。 【アプローチ】神経生物学的モデルと言われている療法の適用（ソマティック・エクスペリエンシング™、ポリヴェーガルセラピー、センサリーモーターなど）。 	【現状】葛藤状態を生き延びた結果として個人が断片化され、パーツが適応策をとる。 【目標】心理的な解離である、それぞれのパーツによる防衛適応を意識できるようにする。内的対話・内的協働・協調を目指す。 【アプローチ】内的な葛藤や対立状態を扱う療法を適用（内的家族システム療法、自我状態療法、スキーマセラピー、総括的リソースモデルなど）。 神経生物学による構造的解離モデル

	全体（防衛反応）	部分（防衛適応）
見分け方 （特徴）	・過覚醒や低覚醒、もしくはその両方が、常に一貫して見られる。 ・不安・パニック・激怒と疲弊・うつ状態などの急な乱高下を繰り返すジェットコースター神経（サバイバル状態） ・過敏性腸症候群や片頭痛などの身体症状 ・外出困難、日常生活をこなせないなどの機能低下として現れている ・身体感覚が感じられなくなる、ここにいる感じがしないなどの身体的解離 ・主訴が一貫している（身体症状、思考の在り方など予測可能）	・内面の断片化により、あまり表面には不調整にみえない、または抑え込まれている ・連続性、統合を欠いている（主訴がコロコロ変わる。語りのなかでも一貫性がない。） ・攻撃が自分や他者に向かう ・豹変する、スイッチが入る ・愛着への葛藤 ・同一人物のなかで高度な仕事をこなしたり、人を魅了したり、気に入られるように振る舞ったりといった高機能なときと、子どものように退行したり、反社会的な言動をしたり、または日常できていたことが急にできなくなったりする低機能なときのギャップとして現れる
介入	神経基盤の構築、ストレス耐性の向上。未完了の防衛反応が完了に向かい、生命のエネルギーが循環し出す。凍りつき状態の解消。サバイバル状態から、安心・安定へ。本来の生命の活力を取り戻す。	断片化された内面に取り組む。自己の強化。防衛適応と過度に同一化した状態から、パーツとしてみなし、なぐさめや共感を届けられるようにする。内的な安定型アタッチメントを構築。自分自身が癒やしの主体になる。

「調整」、「解決・変容」、「全体」、「部分（パーツ）」の４つの区分を知り、どこに働きかけているかが明確になると、必要な癒やしが本来のあるべき形で自然と起きてきます。

5　「TKS（T：サーモスタット　K：カンガルー　S：スパークリング・炭酸水）」〜癒やしに必要な要素

　「生きやすさ、快適さ、気楽さ」への道のりは、３つの「ない」である、①神経系の基盤が「ない」、②連続した意識の自分が「ない」、③関係に安定性が「ない」から安定化まで、ある程度時間を要します。私は、協働調整にどのくらいご本人が参加できるかと、内面の断片化の度合いでセラピーにどの位の時間を費やすことになるかを考えます。神経系の調整不全と内面の断片化が深刻なほど、一進一退が繰り返され、良くなったと思ったらまた不安定になることが多いからです。

　また、トラウマ的アタッチメントの名残によって、加害者的な人への服従や愛着を示すといった言動も改善を妨げる要因になります。過去の過酷な環境を生き延びるためには必要だった防衛策を解除していくのは、不安や恐怖が付きまといます。ですから変化への抵抗が現れるのは当然なのです。

　そんなときは、「おはなし」にも出てきた癒やしに役立つTKSを念頭に置いて、少しずつ神経系に働きかけながら、３つの「ない」を「ある」に変えていきましょう。

T：サーモスタット機能。過・低覚醒の両方を調整。過覚醒（過緊張、多動、易刺激性）と低覚醒（うつや虚脱、疲労）を緩和できるように他者と安心してつながる腹側迷走神経系と消化・休息の背側迷走神経系が基盤としてあるようになること。

K：カンガルー。自分の内面に安定型愛着関係がつくられていること。カンガルーの親も子も両方、内面にいる状態。何かあったら、自分のなかの強化された自己（カンガルーの親）から子どものパーツたちになぐさめや励ましが届く状態。

S：スパークリング・炭酸水。サバイバルのエネルギーを安全に解放し、閉じ込められている防衛反応を完了させること。パニック、緊張、怒りなどの高い過覚醒の揮発性や、うつや虚脱、遮断などの低覚醒が神経系に残存していない状態になること。

　このTKSの3つがバランスよく適時・適切に行われることで、癒やしが安全に効率よく進みます。

　内面の断片化（構造的解離）による防衛適応はより洗練されたものなので、防衛反応より複雑です。時間をかけてその適応策を解除していく必要があります。そして縦軸「調整」×「解決・変容」と横軸「全体」×「部分（パーツ）」にTKSを加えてみたものが次の図になります。次の章では、悩んでいるご本人のニーズを理解し、

つねにT（サーモスタット）を意識しながらK（カンガルー親子）とS（炭酸水）をほんの少しずつ進めていく方法を示していきます。

3章 ゾーンごとの対応方法

この章では「調整」・「解決・変容」×「全体」・「部分（パーツ）」、で区切った４つのゾーンに働きかけてみましょう。

　よく自己啓発本で言われているポジティブ思考、ポジティブ反応
というのは、ある程度、個人の神経が程よい興奮とリラックスがで
きている場合に可能なことです。緊張したり興奮したら、他者とで
も自分ひとりでも休める、という調整されている状態を知っている
のと知らないのとでは、ストレスへの反応とその回復の在り方がち
がってきます。「大丈夫、悪い時は過ぎるから・・・」「これ、いつ
ものパターンだ！今回は別の選択肢もある！」というのが自然と起
きてくるのです！そして、心身で起きていることに気づけて、不快
になってもいずれ快方に向かうだろうという予測がつきます。要
は、安心・安定に戻れるということです。悪い時は長くは続かない
し、この気分や緊張は少し経ったらおさまるだろう、と客観的にみ
ることができ、自らの反応に圧倒されません。これが「いごこち」
神経です。もちろん、「いごこちのゾーン」の外側でアドレナリン
をフルに働かせて活動し、そして疲弊していることに気づくことは
あるでしょう（次ページ上の図）。図のようにいごこちの領域であ
る神経基盤に主にいながら、活動したり疲れて休んだりできる状態
（human-being）です。

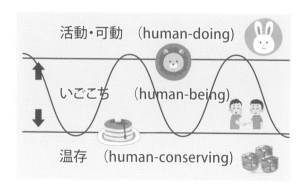

　そこから過覚醒側に飛び出すと「活動、可動している」（human-doing）状態です。私たち現代人は不安や心配でざわざわして、動いて何かしていないと落ち着かなかったり、働き過ぎたりが蔓延しているものではないでしょうか？逆に低覚醒側に落ちると「エネルギーが下がっている、温存している」（human-conserving）状態で、ひどくなると極度の温存状態になり、エネルギーがわかない、動けないという状態になります。もしくは、下の図の過覚醒と低覚醒を乱高下するように繰り返すこともあるでしょう。

過覚醒　　　　　　　　　　　**低覚醒**

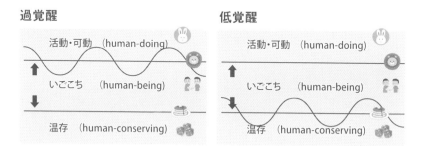

　次に説明する【ゾーン1】では、主としてこのいごこちの領域（＝神経基盤）にいられる時間が確保できるようになるのに役立つことをお話していきます。

【ゾーン1】「調整」×「全体」〜神経基盤を構築する、安心をインストールする

　ゾーン1では、誰かといて気楽でくつろいでいられる、そして／または「休息・消化」で回復の時間が持てる（Kain & Terrell,2018）という状態を目指します。「もしものときに備えて・・・」といった警戒や危険の信号を常に点滅させなくてもよいという状態を体得します。ゾーン1は全ての介入の基礎になる最も重要なゾーンです。人によって、はじめの5分のちょっとした挨拶や会話の時間で、神経基盤がすでにあることが確認できる場合もあれば、この基盤を新たに作るのに半年以上かける場合もあります。

　【ゾーン1】では、3つのことをしていきます。

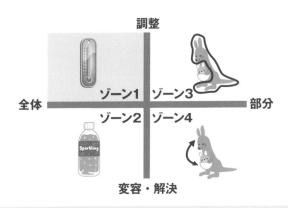

【ゾーン1】 **point☞①** 安心のセンサー（ニューロセプション）を洗練させる

【ゾーン1】 **point☞②** 背側迷走神経系（不動状態）に落ち込むパターンを改善する

【ゾーン1】 point☞③ アタッチメントの4つの要素に働きかける

それでは、ひとつずつみていきましょう。

【ゾーン1】 point☞① 安心のセンサー（ニューロセプション）を洗練させる

　過去の防衛反応がなぜ必要か、それは安心がないということを心身が察知し続けているからなのです。

　ここでは「ニューロセプション」（2004）という人間の安心にまつわるしくみについて、お話します。S.W. ポージャスは、ニューロセプションという造語を作り、私たちは、外的な刺激や環境に対して、安全、危険、死の脅威という3つの判断を常に無意識にしているとしました。環境からの刺激や情報をキャッチすると、生存のための評価が自動的にはじまります。

　脊椎動物が哺乳類へと進化する過程で、群れをなすことでのつながりによる安全というのが最も重要で特徴的な分岐でした。哺乳類は群れをつくり、仲間となることで安全や健康を保ち、生き延びる確率を上げて今日に至っているのです。人間も同じです。孤立しているよりもある程度人とのつながりがあったほうが心身の機能が向上するのです。優れた臨床家たちは、声のイントネーション、安全を感じさせる周波帯、仕草、表情でクライアントに安心の感覚を定着させることを自然と行っていました。生理機能が変化し、心理的にも安心の状態が引き出されると私たちは癒されていくのです（Phillips & Porges 2016）。

このニューロセプションに働きかけ防衛の在り方を少しずつ解除して、的確な環境への評価ができるように働きかけていきます。心身が安心の状態に入ると、人間としての経験の質を向上させることができます。特に、両者間のやりとりによってもたらされる安心は心理的、生理的健康へとつながります（Ibid.）。内分泌系、免疫系の機能が良好になり、炎症や痛みも改善されるのです。

　同じ学習をするのでも、ニューロセプションが状況を適切に評価し、安心の生理機能で学習や習得をしていくのでは、習熟度や学びの深さが全く変わってきます。教育現場でニューロセプションの理解が広まり、安心感が最優先となり、子どもたちが個々人のペースですくすくと心身を成長させていってほしいと願っています。

　一方、幼い頃の逆境的な体験、つまり発達性のトラウマは、この安心のセンサーの健全な形成を妨げます。ですから、状況が大丈夫でもセンサーが誤作動して危険信号を発し続けたり、または、その逆、状況が危険にもかかわらず全く脅威を感じないで事故や事件に巻き込まれてしまうということもあります。皆が持つこの「安心のセンサー」は、感度も精度も人それぞれです。そして脳が検知しているのではなく、主に次のような感覚器が働いているのです。

・内側、特に内臓で何が起こっているかの内受容感覚
・いわゆる五感である外受容感覚
・身体の部位の位置、関係、動きの速さなどを伝える固有受容感覚
・バランスを司る前庭、温度感覚、波動知覚、そして痛覚など
（Kain & Terrell 2018, p.30; Marchetti 2015）

内受容感覚は心身の感覚、フェルトセンス（感情のニュアンスも帯びた身体感覚）であり、実は危険を取り除くだけでは安心という感覚は得られません。内受容感覚、つまりどれだけ内側の身体感覚、生理学的状態が心地よいか、快適かに安心の知覚は左右されているのです。

　外受容感覚とは、五感（視覚、聴覚、触覚、嗅覚、味覚）のことです。私たちは外受容感覚によって外の環境とつながっています。この2つは区別があいまいなので、ここでは大きく内側の感覚である内受容感覚と、外界である環境と私たちをつなぐ外受容感覚というようにおおまかに区分をしています。また、拡大解釈をして、意識が自分の内側に向いている内受容性意識と、相手や環境に向かうなどの外受容性意識（Anderson et al.,2017）も含めます。内受容感覚（意識）と環境とのつながりの外受容感覚（意識）をバランスよく働かせることで、危険信号を点灯する必要があるのかをより的確に査定できるようになり、サバイバルの状態へと入らずに、神経基盤である「いごこち神経」にいられるのです。

神経基盤＝「いごこち神経」

　【ゾーン1】の神経基盤を作ることは、「いごこち神経」にいられるようになることで、自分の反応を俯瞰できる生理学的状態を整えるということです。これは、【ゾーン3】の「調整×部分（パーツ）」

での「カンガルーの親」の役割を果たす「自己の強化」にも役立ちます。「いごこち神経」の状態にあれば、（2章の神経生物学による解離モデルでは「日常を送るパーツ」と呼ばれている）「いごこちの自己」を強めることになるのです。

神経生物学による構造的解離モデル

（Fisher 2017）をもとに創作

　ですから「内受容感覚＋外受容感覚」のバランスを導入し、ニューロセプションを洗練させ、呼吸とともに「拡張と収縮がある状態（＝自己調整）」に到達すると、「いごこち神経」の状態にいられていることになります。これは、穏やかなリズムとともに身体が呼吸によって広がり、そしてそれがなだらかに収まるという、言葉で説明するのは難しいのですが傍から見るととても分かり易い状態になります。ニューロセプションを洗練させるには「心地よさ」という内受容感覚を少しずつ積み上げていき、その都度、不快な感覚や麻痺が侵入して感覚を感じられなくなる前に、五感を働かせて外受容感覚を導入していくということをしていきます。もしくは、外受容感覚（五感）から内受容感覚の方向でも構いません。このいわば内 - 外のバランスの良さによって、自己調整力のある神経系が形成されていくのです。

心地よい内受容感覚をつくりあげ、安心の神経基盤を育てるために、次の順序を参考にして、相手の調整のお手伝いをしていきましょう。

支援者編　手順　（普通に誰かと会話しているときに何気なく試してみてもよいでしょう。）

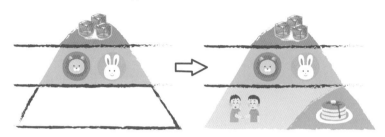

１．まずは、支援者が自身の防衛に気づく。

　ご本人が防衛反応を気づきなしに起動し、巻き込まれている（俯瞰できない）状態にいたら、セラピストや支援者は、サバイバル状態に同調しないことを目指します。私たち哺乳類は本能的に群れの中の一員が危機にさらされていると、それに反応し一緒に群れを守るという習性があるので、目の前の人がサバイバル状態だと自分もつられてしまうのです。ですからここは本能と逆のことをしないといけないという難しさがあります。相手の反応に巻き込まれて、自分の筋肉の一部が固くなったり、呼吸や心拍が速くなっていないか気づき、力を少し緩めたり、呼吸を整えてみます。

２．相手の話していることに共感を示す。

　基本は「あなたのことを見ています、あなたのことを聴いています、そして、あなたのことを信じています」（Kain & Terrell p.235,2018）です。この時も、聴き手は自分の防衛に常に気づき、それを少し緩

和させることをしていきます。そして、よく言われるカウンセリングのテクニックの「オウム返し」を相手の神経系に働きかけるために用います。つまり、低エネルギーなら覚醒をもたらし、興奮・緊張していたら落ち着けるといった神経系の上方・下方調整をして、よい内受容感覚に相手を誘います。そうすると拡張と収縮のリズムにお互いが同期していきます。段々とこの「同期のプロセス」が簡単に速くできるようになっていくのは、相手が他者によって安心できるという協働調整ができてくるからです。

3. ニューロセプションをチェックする。

　ニューロセプションが少しずつ洗練されているときに相手にこんな変化が見られるかもしれません。安心の状態にいるサインです。

・血色がよくなる
・呼吸が穏やかになる
・硬さが和らぎ、緊張が少し緩む
・表情が出てくる
・声に抑揚がついてくる
・(興奮、緊張による活性化ではなく) 活力が戻る
・今ここに集中できてくる
・姿勢が重力に従ったようになる
・応答が自発的になる　　　　　など

　このとき、相手のかかわりのシステムに負担をかけ過ぎたり、刺激し過ぎていないか気をつけることが大事です。消化・休息モードに入っているときは、つながりの神経である腹側迷走神経系を引き

出そうとする試みを控えます（Ibid.）。「いごこち神経」の領域が狭い場合は、この２．３を繰り返す作業になります。

4．心地よい内受容感覚を感じてもらう。

　３．が充実してきたら身体感覚を「感じてみる」ということを少しだけ導入します。身体感覚を感じるというのは自律神経系を感じるということとイコールになります。１秒でも２秒でも構いません。自律神経系の心地よい「内受容感覚」を感じてみます。不快な感覚に突入したり、身体感覚が麻痺して感じられなくなる手前で５．に移ることがポイントです。こうしてまずは、心地よさをキープできるようにすることで「いごこち神経」にいることを定着させていきます。

5．外受容感覚を働かせる

　心地よい内受容感覚につながれたら、視覚を使って周りを見回したり、（聴覚過敏でない場合ならセッションルームや相談室での）普段よりもノイズの少ない環境で何となく聞こえてくる周囲の音を聞いてもらい聴覚を働かせたり、クッションなど何かに触れ触覚を使ってもらうなどして、外受容感覚である五感を通して外側の環境とつながってもらいます。

　１～４は、会話や手を動かす編み物などの作業をしながら、ま

たはよい内受容感覚を感じたら、それを色や形、イメージで表現してもらってもよいかもしれません。そうすると拡張と収縮のリズムが定着してきます。

　ニューロセプションを洗練させていく成功のコツはこの手順を普通に会話しているように潜在的に行うこと、内受容感覚を感じる時間や外受容感覚を取り入れるバランスなどをご本人に合わせて調節すること、とりあえずやってみるというテストランです！セラピーの場では、一回のセッションの中で【ゾーン１】での１〜５の手順を何度も繰り返しながら、次に説明する【ゾーン２、３、４】に必要に応じて働きかける場合もあれば、【ゾーン１】の１〜３だけに何カ月もしくは、年単位の時間をかける場合もあり、個人差があります。大事なのは、たとえどれだけ進歩してもしなくても、最後には必ず【ゾーン１】に戻ることです。こうやって地道に安心という生理学的状態を内受容感覚から作っていくのです。何もドラマティックじゃないこの作業が、サバイバル状態を解除する唯一の鍵である安心を育てているのです。

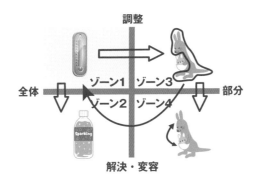

図　ゾーン間を行き来する（例）

自己調整のリズムが定着し、「いごこち神経」で過ごせるようになると、反応に巻き込まれ俯瞰できない状態から、だんだん自分のなかで起こっていることを観察できる時間が増加していくことに気づくでしょう。努力して不快感を何とかするというよりも、何もしなくても自然といごこち神経のゾーン内で調整されるようになります。神経系がうまく働くために次のようなワークを用いて、よい内受容感覚を育んでいくのもよいでしょう。

自分でできる編：日常のなかでできること
5分で簡単セルフタッチ
①「腹側迷走神経系」を整える〜5つの動作（浅井 2017）…約1分

5つの動作

ふーっ

ぼーっ

ぎゅーっ

きょろきょろ

にぎにぎ

②「背側迷走神経系」を整える
背中のあばら骨の下あたりに左右にある腎臓に手を触れる…2分
/ 首の付け根（脳幹）に手を触れる…1分〜交感神経の過覚醒を落ち着かせるため
/ 下腹部（お腹）に手を触れる…1分

＊子どもとなら、呼気を長く吐いたりするのを遊びに取り入れたり、にらめっこ（あっぷっぷ）、変顔ヨガなどをしてつながりの神経を刺激するのもよいでしょう。余談ですが、遊び、とくに昔していた手遊びやあやとりなどは、調子やタイミングを相手とお互いに合わせながら、つながりの神経系を鍛えるようにできていたのです。

　前述のことをある程度繰り返すと、防衛反応が稼働しても、自然と前後に揺れるような本当に微細な動き（マイクロムーブメント）が起こり（Marchetti,2015, p.30）、穏やかさへと導かれます。これはロッキングムーブメントと言われるもので、頸動脈と大動脈にある血圧を調整する圧受容器の反射によって、調整に戻れるようになってきているということです（津田 2019,p.47,p.166）。

【ゾーン1】 point☞② 背側迷走神経系（不動状態）に落ち込むパターンを改善する

　乳幼児は不快になったとき協働調整が得られないと、「極度の温存状態」の背側迷走神経系を使って交感神経系の高い活性化を何とか食い止めようとします（Kain & Terrell 2018 p.221）。誰も抱っこしてあやしたり、なだめたりしてくれないと、自分の使える神経を使って不快な感覚を解消しようとするのです。この場合、極度の温存状態に入って泣きも騒ぎもしないので、「育てやすい大人しい子」とされるかもしれません。しかし、これが大人になるにしたがって、パニックや激しい怒りのような高い交感神経から極度の温存状態の背側迷走神経へ切り替わることもあれば、強烈な交感神経のたたかう・逃げる反応を封じ込めようと同時に急ブレーキを踏みこむこと

もある、といった神経系の使い方へとパターン化します。どちらも、後の慢性疲労、うつ、痛みなどの原因となる可能性があります。

切り替わり　　　　アクセル・急ブレーキ

　ですから、この神経系のクセを改善するために、極度の温存状態（凍りつき）に入り込む時間を減らしていくのを試みるのも効果的です。人のいるカフェにいったり、ハミングしたり、人の声の抑揚の音楽を聴いてみたり。誰かと「がっつりかかわっているわけではない」けれども、極度の温存モードで虚脱してもいない状態を神経系に覚えていってもらいます。

　そして、まずは同じ副交感性の神経でも、落ち込みや疲労の「背側迷走神経系の極度の温存モード」と、安心して落ち着いている「背側迷走神経系の休息・消化モード、もしくは腹側迷走神経系のつながりモード」のちがいを区別できるということを目指します。極度の温存モードが必要なのは命にかかわる危険のときです。それ以外の時は、休息・消化モードか、または使えれば、つながりの神経でいるのが身体にもやさしいのです。慣れている極度の温存モードに入るパターンを修正していくために、落ち着きを感じると虚脱するパターンに入り込む手前で、休息・消化の背側迷走神経系か、軽くつながりの腹側迷走神経系を刺激するのです（4章の事例、ひきこもりの男性の事例を参照してください）。

　ちなみに1章で紹介した、エレベーターに閉じ込められ、うつ状態で身体的に不調をきたしていたAさんは、治療的タッチ＊を用いて、極度の温存状態から、まずは休息・消化の状態へとゆっくりと導いていくことをしました。背中側左右腰の少し上あたりにある腎臓・副腎に外側からやさしく触れるようにし、穏やかな内受容感覚に気づいてもらうことで（Ibid., pp.303-326）、極度の温存状態から徐々に抜け出していき、少しずつ活力がありながらも穏やかな状態というのを獲得していきました。

＊神経系の調整力を向上させるための手技

https://neruroaffectivetouch.co

https://somaticpractice.net/about/

【ゾーン1】 point☞③ アタッチメントの4つの要素に働きかける

　「いごこち神経」のゾーンに一度も入ったことがない人もなかにはいます。安心を提供される経験がなかったら、それは当たり前なのです。ですから、神経系が調整不全なほど基盤の構築に集中します。そして、基盤の構築には年月を要する場合があります。そんな

ときは、ボルビィ（1969）が挙げた４つのアタッチメントのどの要素が今必要で、どれが定着しているか、を意識してみましょう。４つを着実にクリアーしていればいるほど、より協働調整が簡単になってきます。

安心の天国

　完全な安心を感じている状態。いわゆる乳児が的確に温かさや安らぎ、楽しさを与えてくれるお世話をしてくれる人に全てを委ねて、すやすや眠っている状態。セラピーでの関係や支援者のかかわりのなかで、何を話してもいいし、何もしなくてもいい、と気を遣わずいられる状態。

安心の基地

　外の世界を探求して、そしてお世話してくれる人のもとへ安全を求めて戻ってくること。探索と安心のパターン、これを繰り返すことで、自分の中に安心の基地ができてくる。セラピストや支援者に、会っていなかった時間に体験したことを話したい、という目的を持って会っているとき。

近接性の維持

　関係性に何かが起こった時、必ず修復の努力をしてもらえるということ。つながりにちょっとした亀裂が入りそうになったときに、そこに細やかな気づきがあり、関係によって修復がもたらされる。開始時間の遅れ、共感の失敗などがあったときに、必ず修正の意図があることが示されること。

分離不安の解消

　離れていても、それが一時的なもので、つながりは維持されているということが共有されていること。別れが突然ではなく、ある程度準備が行われていること。セラピーでは残り時間の提示、次回の約束など。

　この【ゾーン1】で苦しんでいる人たちは神経系の調整不全が傍からも見えやすい状態にあり、主に過敏、繊細で、他者や環境からの影響をどうにかしようと懸命になっています。一概にはいえないものの、統合失調症、双極性障がい、発達障がい、強迫性障がい、社交不安障がいなどの診断を受けていることが多いです。また摂食の問題を抱えている場合なども、協働調整の経験の乏しさによる本人なりの調整不全への対処であることがよくあります。いわゆる圧倒への対処である過覚醒、低覚醒、またはその両方で、環境からの様々な刺激に対処しています。

　また、過敏性腸症候群、慢性疼痛、線維筋痛症、慢性疲労、片頭痛、化学物質過敏症などの身体症状に苦しんでいる場合もあります。そして不可抗力的に自分の神経伝達物質の反応に苦しめられていると感じている人が多く、刺激を限定、遮断または回避し、不快を解消しようと管理します。それが過敏さ、脆弱さという形で現れていることを理解し、自己調整という新しい調整の方法をインストールしていきます。

【ゾーン2】「解決・変容」×「全体」〜未完了の防衛反応に働きかける

神経系のニーズというのは大きく分けると3つあります。ひとつは神経が滋養（nourish）され育まれる、ということで【ゾーン1】での取り組みです。2つ目は、神経系に残っている防衛反応〈たたかう、逃げる、凍りつく〉を完了し、やった！出来た！生き残った！自分はすごい！などの誇らしい感じを味わう、ということです。これが【ゾーン2】になります。3つ目は未統合の神経ネットワークを統合するということで【ゾーン3・4】でお話していきます。

　【ゾーン2】では、未完了の防衛反応に取り組みます。過去でも、現在でも、折に触れてその時その時、できなかった自分を守るための防衛反応は、わたしたちの神経系のなかで、未完了なものとして残っています。実際に自分の筋骨格を使って転倒などの危険から自分を守る動作であったり、または誰かから言われたことで反論したいけれどできなかった、など完了できていない防衛反応は様々です。神経基盤にいられる経験ができて安心感が増したら、自然と顔を出してくるのが、この未完了になっている防衛反応です。自然と下記のポイント①や②が現れることもありますし、③を取り入れてもよいでしょう。

> 【ゾーン2】 point☞① 完了を必要とする防衛反応〈たたかう、逃げる、凍りつく〉に働きかける
> 【ゾーン2】 point☞② 事故などの単回性の出来事への自己防衛反応を完了する
> 【ゾーン2】 point☞③ 日常レベルでの（交感神経系の緊張や興奮の）発散を心がける

　それでは、上記の3つを解説していきましょう。

【ゾーン2】 point☞① 完了を必要とする防衛反応〈たたかう、逃げる、凍りつく〉に働きかける

　神経の基盤が築かれて来ると、従来ならストレスだと思っていたことに向き合ったり、新しくチャレンジしたりし始めます。ストレスが挑戦へと変化するのです。私たちは神経基盤のなかで過ごせていると、ストレスにも圧倒されずに興味や好奇心、探求、挑戦という形で対処できるのです。

　「いごこち神経」が定着しアップダウンが極端でなくなってくると、神経系のクセである防衛反応「たたかう、逃げる、凍りつく」を、その予兆や衝動をただ感じて、それらが完了するのを待てるということが起きます。身体に衝動がおさまる時間を与えられるので、自然と炭酸水の揮発性が発散されるように、末端に向かうエネルギーの解放や循環の感覚が起きてきます。振られた炭酸水をこぼさずに安全に蓋を開けるのをイメージしてみてください。圧倒されずに、中身が噴き出すことなく、でも揮発性は上手に逃せるのです。

　その結果、防衛反応が勝手に起動するのを怖れなくなるだけでな

く、過去よりも安全な「今、ここ」でのより洗練された言動の選択肢がひらめくようになるのです。自分の中の衝動が落ち着くのを待って、そのあと起こる感情、感覚、思考などにただ「気づく」だけで自分の中の生命のエネルギーや叡智と出会えるのです。

　例えば、自分の置かれた境遇を嘆く感情がおさまったら、温かく接してくれた叔父さんの顔がふと浮かんだとか、プレゼンへの不安が落ち着くのを待っていたら、突如提案したい妙案が思いついた、などがこれにあたります。生き延びるための防衛の衝動のすぐそばには神経系の「拡張」という癒やしが潜んでいるのです。それはリソース（自分への資源）となるイメージだったり、記憶だったり、感覚だったりします。生命の活力や創造性というあなたへのプレゼントが待っていてくれるのです。

　さらに衝動に気づけて身体感覚のレベルで鎮静化し完了できるということは、衝動に気づきながらもすぐに行動に移さなくてもよくなるという利点があります。反応的になってもほんの一瞬で、適切な対処ができるという経験を重ねていけるのです。このように私たちは、今まで悩みの種であった防衛反応を身体感覚で感じられるようになることで、ストレスへの耐性をも高めていけるのです。

　但し注意が必要なのは家族にまつわるもの（アタッチメント関連）です。たたかう、逃げるなどの防衛とアタッチメントによる親密さを求めるのが同時に連動して起こり、相反する気持ちがぶつかり合って葛藤する場合があるでしょう（2章のトラウマ的アタッチメントを参照）。その際は、【ゾーン3や4】の「部分（パーツ）」の方が葛藤を扱うのに向いているということを頭の片隅に置いておくとよいでしょう。

　最後に、人間関係の中でも現在の問題の場合は、防衛反応の完了

は中間のステップであって、たたかう、逃げる、凍りつくといった動物としての反応を解消したら、その先のより成熟した対応の選択肢を使えるようになるということも覚えておきましょう。社会的に受け入れられる形で、周りの人を尊重しながら適度に自己主張できるのが一番です。あなたが、主張すべきことを建設的に、相手も尊重しながら Win-Win の関係を目指していけることを願っています。無駄に相手の防衛反応を引き出すことは、自分にも他人にも益がありません。

【ゾーン2】 point☞② 事故などの単回性の出来事への自己防衛反応を完了する

　例えば、「あの事故から、このうつ状態がはじまったんだよな」とか、「あの交差点に差し掛かるとドキドキして息苦しくなるのが1年以上続いている」「あれから電車に乗ることを極力避けるようになった」など、何らかの出来事と気になる症状が関連しているとき、トレーニングを受けた専門家*の助けを借りるのがよいでしょう。そして神経系に残存しているたたかう、逃げる、凍りつくといった生存のための防衛反応を完了させてみると症状が改善するかもしれません。

　また、先述したように元々発達性トラウマがあって神経基盤が不十分なところに事故に遭ったりして、複雑な症状へと発展しているということもあります。同じ怪我や事故などでも、人によって回復の度合いに差がある場合は、発達性トラウマによる神経系の形成不全を考慮してみる必要があります。

＊〔SE Japan の Website は、sejapan.org〕

【ゾーン２】 point☞③ 日常レベルでの（交感神経系の緊張や興奮の）発散を心がける

　発達性トラウマと度重なる事故などのショック（衝撃）トラウマの両方に苦しみ、あまりにも様々な圧倒されるエピソードや感情が絡まりあっている場合は、ある程度「いごこち神経」である神経基盤ができるまでは、日々の生活のなかで少しずつ身体に閉じ込められている高い緊張や興奮を解放して、その強烈さを緩和していくことをしていきます。日々自分の強さを少し感じられるようなエクササイズ、筋トレなどを、圧倒されないくらいの時間や強度で行うよう、自分の心身や専門家と相談しながらやってみましょう。エアーパッキンなどの緩衝材をつぶす、ペットボトルをつぶす、紙を破るなど日常でちょっとした機会に工夫して交感神経系の過覚醒を解消することもできます。

　【ゾーン１、２】が圧倒への対処である防衛反応への取り組みであるのに対し、次に示す【ゾーン３、４】は愛着にまつわる葛藤への取り組みになります。未統合の神経ネットワークであるサバイバル状態のパーツたちを統合（自分の大切な一部になるということ）へと向かわせていきます。

【ゾーン３】「調整」×「部分（パーツ）」〜防衛適応と同一化している状態に気づく

　このゾーンでは、自分の反応、感情、思考が、過去からの「自律神経系のクセ」であると認識できることを目標とします。「自律神

経系のクセ」とは、あなたを困らせている「いつものあのパターン」です。「自分には価値がない」「大事にされてない」「自分の欲求より他者を優先しなくては」など今の思考のように見せかけて実は、過去を生き延びた名残なのです。自分のある一部分が、過去の矛盾の多い状況をなんとか生き延びるためにとった適応策だということに気づき、これらの生存のための自動的な（俯瞰する脳の伝達回路を通らない）稼働の統制を練習します。

われわれは言語や記憶がある程度発達してくると、状況や相手に合わせるように自分を部分（パーツ）として分離させて使い、全体で対処しないことで自分の残りの部分を守るということをします。これは全体（防衛反応）を使うよりも複雑な戦略です（断片化の詳しいメカニズムについては、Fisher2017；1, 2章を参照）。部分をとっかえひっかえに使って内面を断片に分けて対応することで、防衛策をとりながら、安全ではない養育者に忠誠さえも示して、生き延びることができるのです。そうして、自分で生活ができるようになるまで与えられた成育環境のなかで対処してきたからこそ、生き延びることができたのです。しかし、内面を断片させたことで、統合された一人

の個人という「連続した意識の状態」が保たれにくくなります。

　一人の人のなかに複数の人格の人が存在する解離性同一性障がいは、その断片化されたパーツたちがそれぞれ人格を持ち意識の外で活動してくれています。また人格を有しているまでではなくても、内面の分離により、葛藤の多い人間関係にわざわざ足を踏み入れたり、加害者的な人に魅了されて簡単に従ったりして、トラウマ的な生育環境を再現して苦しんでしまうこともあります。その他にも、認知の歪みや否定的な思考、自己批判や自己嫌悪などは、この断片化によるものが多いのです。また、話に連続性やつながりがない場合も、様々なパーツが出たり入ったりしている兆候ということになります。

　自分のなかの矛盾や葛藤に取り組むのに「パーツワーク」、もしくは「パーツアプローチ」と呼ばれるやり方を用いることがあります。これは、自分の思考、感情、感覚、言動などを自分の一部分（パーツ）として、気づきを向けながら、自分のなかに「内面での対話、協働、協調」（Schwarz 2017, pp.210-212）を成立させていくというものです。

　例えば自己批判を、「自己批判をするパーツ」として捉え、いつから、なんのために、この役割をやってきてくれているのか、などを解明していくというものです。その結果、多くのパーツたちは個人が生き延びるのを助けている、という肯定的な目的に気づき、自分という全体のなかの大事な一部となるという「統合」へと至るわけです。

　「全体」で総力戦を行っているというのは、これは神経系に圧倒

を起こす刺激・環境への対処の名残であると前述しましたが、その治療目的は、本来の生命の活力（のバランス）を取り戻すことです。一方、「部分（パーツ）」で分散戦をするというのは、葛藤を起こす刺激・環境への対処の名残です。日常のトリガー（引き金）のなかでも主にアタッチメントがらみの「自分には価値がない」、「自分は愛されない」、「自分は欠陥品だ」、「存在自体が恥ずかしい」といった自動思考（スキーマ）が起動されます。このような「防衛適応」に働きかけるため、カンガルーの親である「いごこちの自己」でいられるように練習し、カンガルーの子どもたちである「部分（パーツ）」が触発されているのを俯瞰できることを目指します。最終的な治療目的は、内的な対話が成立することで自己内に安定型愛着を確立し、「いごこちの自己」からパーツたちへなぐさめや思いやりが届くことです。そして、誰でもない自分自身が「自分のセラピスト」になっていきます。

　話を戻すと、【ゾーン3】「調整」×「部分（パーツ）」では、下記のことがポイントになります。

【ゾーン3】 **point☞①** 神経生物学的なアプローチからの「いごこちの自己」の強化
【ゾーン3】 **point☞②** サバイバル状態の統制を日常で練習する
【ゾーン3】 **point☞③** 防衛パーツたちを認識する

【ゾーン3】 **point☞①** 神経生物学的なアプローチからの「いごこちの自己」の強化

【ゾーン１】の「調整×全体」でみたニューロセプションを洗練させ、いごこち神経にいられる状態にあると、「いごこちの自己」も強化できます。ここでは自分のなかの「カンガルーの親を育てる」と言い換えることもできます。様々なパーツたちがいてくれていることを念頭に置きながら【ゾーン１】で神経系に働きかけ、パーツたちの活動を観察できるようになっていきます。

神経生物学による構造的解離モデル

　この段階では、あるパーツへのリソース（資源）は他のパーツへの脅威になるかもしれないので、どのパーツに何がどう作用するかが分からないうちは、「いごこちの自己」を拡充させていくことに集中します。例えばある人にとっては、子どものパーツが喜ぶリソース（たとえば、ぬいぐるみ、オルゴールなど）は、子どものころ、無邪気に遊んでいたら親から罵倒された経験によってできた防衛してくれるパーツを稼働させ、より一層自己批判が強まってしまうかもしれないのです。ですから、パーツたちを把握できていない時点では、今は大人であり、虐待などが起きた過酷な成育環境とはちがうことが認識できるような「レスキューレシピ」をつくります。

　今は過去とは違うことを認識させてくれるレスキューレシピの例

は下記になります。

　みなさんも作ってみましょう。

日常のこと（洗濯、入浴、散歩、布団を干す、など）

ハミング、口笛を吹くなど

観葉植物を見る

音楽を聴く

プチいいことダイアリーをつける（ましだったことでもよい）

今日一日で自他に感謝できることを寝る前に一つ思い出す

カレンダーで日付を確認し声に出す

写メや自撮り

YouTube の好きなチャンネル、動画を観る

カフェやコンビニの店員さんとひと言多く交わす

【ゾーン3】 point☞② サバイバル状態の統制を日常で練習する

　サバイバル状態を統制するには、想像以上の毎日の反復が必要です。サバイバル状態になると、分析したり、情報を総括したりという前頭前皮質の活動は抑制されてしまいます。

　自律神経系のクセである防衛適応のパーツたちは、トリガー（引き金）によって不安定さが増します。そして、そこから幼いパーツたちを救い出そうと他のパーツたちの出入りも顕著になります。わけもなく気分が変わり、感情的になるときはパーツたちに乗っ取られている状態にあるのです。そしてパーツの活動が意識外で起こることもあります。

　このゾーン3で苦しむ人の特徴は、普段は仕事や家事などの機

能を十分に果たしていて一見大丈夫そうでも、いったんアタッチメントのシステムが触発されると、とたんに調子を崩してしまうことです。日常でアタッチメントにまつわること（自分は大事にされない、愛されない、価値がない、欠陥がある、壊れている、劣っている、無能だ、恥ずかしい存在だ、いらない存在だなど）が刺激されると、突如として調子を崩して豹変し、攻撃的になったり、退行して不安定さを呈します。そのつらさを一時的に軽減させようと自傷や嗜癖などの行為をして何とか自分を保とうとしていることもあります。【ゾーン3】では、「いごこちの自己」でいられる時間を少しでも確保できるように、日々できること積み重ねましょう。それには、内受容感覚と外受容感覚のバランスを取ること（【ゾーン1】）を続けながら、トリガーされた（触発された）と思ったら、下記の3つをやってみます。

1 「これは自律神経系のクセです」と言ってみる
2 外受容感覚（五感）を働かせる
3 レスキューレシピを何か試してみる

　「これは自律神経系のクセです」でも、単に「これはいつものパターンです」でも構いません。声に出して言えたら言ってみましょう。そして、五感のうちなんでもよいので、働かせてみます。例えば、周りを見る（視覚）、音を聴く（聴覚）、何かに触れる（触覚）などでよいのです。このように内側のサバイバル状態に巻き込まれにくくなるようにトレーニングをしていきます。そして、レスキューレシピのうちなんでもよいので、やってみましょう。外出先で難しければ、例えば、日付を思い出したり、鼻歌を歌ったり、口笛を吹く

のを想像するだけでも構いません。

　要は、アタッチメントや自己価値にまつわる否定的な自動思考の渦に巻き込まれていない時間を少しでも長く確保したいのです。そうやって、もう自分は子どもではないこと、逆境的環境を生きなくてもよいことを自分に認識させてあげましょう。あらゆる刺激によって調子を崩すのが防衛反応「全体」なのに対して、とにかく愛着にまつわることに脆弱なのが防衛適応「パーツ」の特徴です。「いごこちの自己（カンガルーの親）」が定着することを無理なく取り入れましょう。

　また、「いいこと、感謝すること」を書くことが難しければ、「ましなこと、大丈夫だったこと」でも構いません。神経系が自己調整を帯びていれば、「過去にはなかったかもしれないけど、自分には今こんなに助けがある、やさしい人たちは普通にいるもんだな。」というような気づきが得られるでしょう。本当にあなたのまわりには普通に親切な人もいるのです。

　そして、普段の生活で「いごこちの自己」を強化し、調子を崩したときに向けて備えましょう。目に留まるところに「これはいつものパターンです」「これは自律神経系のクセです」「感情（または身体）の記憶です」、なんでもよいので書いて貼っておきましょう。リストバンドに書いたり、クリアファイルにシールで貼っておいたり、カレンダーに書いてみたり、オリジナルグッズのように身近に置いておきます。日常の工夫で、自分の過去の神経伝達物質や神経系の学習の犠牲にならなくても、今は選択肢がある！ということを日々、修正を入れていきます。

　「私の一部が…」「私のパーツが…」「わかっちゃいるけど、このパターンが…」と言えるようになると、「防衛適応」が誘発されて

いることが分かっているということになります。カンガルーの親である「いごこちの自己」が危うい場合はとにかく【ゾーン１】に戻ります。発達性トラウマというものは、うまく付き合っていくものなのです。今まで受け入れられなかった自分の様々な側面を自分のものとしていくプロセスです。こうして自分も、周りの人も傷つけなくても済むようになると、人間関係が対等で、適度な距離間のあるものになり、繰り返してきた苦しみの強烈さ、頻度、時間に変化が訪れます。

【ゾーン3】 point☞③ 防衛パーツたちを認識する

　「いごこち神経」でいられるようになると、様々なパーツたちに出会えます。そして、ストレスや刺激への耐性が上がるたびに、今まで意識にのぼらなかったパーツたちを知ることになります。防衛適応としてのさまざまな種類のパーツたちがわれわれの生存を支えてきてくれたわけです。ここでは、「防衛パーツ（たち）」と呼んで、われわれのいわゆるインナーチャイルドと言われている「傷ついた子どものパーツ（たち）」（どちらもカンガルーの子ども）を守る、という役割に気づいていきます。【ゾーン３】（と次の【ゾーン４】）においては、特に下記のパーツたちの扱いは慎重に、丁重にしていきたいものです。必要であれば専門家の助けを借りましょう。

１．治療抵抗を示すパーツ：自分に役立つもの、新しいスキル、（セラピストなどとの）関係が深まることで、これまでの恒常性が変化してバランスが崩れてしまうことを怖れています。なにか療法を新しく試すとき、たとえ健全な関係でもうまくいきそうなときに躊躇

や抵抗として現れてくれます。今までの関係性が変化して距離を取らなくてはならなくなること、大人になって自分の面倒を見なくてはならなくなることなどから、守ってくれてきたのです。前述の【ゾーン3】 point☞② サバイバル状態の統制、を練習させないように邪魔するかもしれません。それは防衛パーツさんがあなたを守ってくれてきた大事な証拠なのです。セラピストと取り組む場合、治療抵抗を防衛パーツの勇敢な働きとして敬意を示してくれる、ある程度パーツワークに精通した専門家さんを選んでください。

2．「いじわる」パーツ、加害エネルギーを持つパーツ：自分が受けた苦しみや不平等だと感じる経験から他者の幸せや喜びを妨害したり、他者が困ることを喜びとしたりします。誰でも程度の差はあれこのパーツはいます。ただ、深刻さが増してくると、意識的にも、無意識にも周りの人を罠にはめたり傷つけたりしてしまうので、いつしか「要注意人物」となっていたり、「かかわりに気を付けよう」と距離を置かれてしまう原因になります。
なかでも、「ソシオパス（反社会性パーソナリティ）」のようなパーツは、ひどく傷つけられた経験から幼いパーツを守っています。しかし、職場でも家庭でも、いったんターゲットが決まると、喜びはその対象が困る顔を見るということなので、容赦なく計画を張り巡らし、実行してしまいます（Schwarz 2019）。

3．自己批判、自己嫌悪パーツ：2．とは反対に他者ではなく、自分自身に攻撃のベクトルが向いています。過去にはそれで、見られること、聴かれること、注目を集めることからずっと守ってくれていました。自分を小さく見せること、相手より低く見せることで生

き延びることに貢献してくれました。あまりにもこのパーツたちが増幅すると、今度は、自傷したり、自己破壊行為をしたりしてこの苦しみを終わらせようとするパーツを発動させることになります。

　【ゾーン3】と【ゾーン4】の間には明確な区別がないかもしれません。実際セラピーでは、程よく必要に応じて【ゾーン1と2】のゾーンの要素も取り入れながら、【ゾーン3と4】を行き来し、「いごこちの自己」を強化し、内面を統合していく作業をしていきます。

【ゾーン4】「解決・変容」×「部分（パーツ）」～未統合の防衛適応に働きかける

　このゾーンでは、下記のことがポイントになります。

【ゾーン4】 **point☞①** トリガー（引き金）とトラウマ的アタッチメントとの関連性を理解する
【ゾーン4】 **point☞②** 防衛パーツたちを労う
【ゾーン4】 **point☞③** 「内的対話、協働、協調」～カンガルーの親子の関係をよくする

防衛パーツたちが強固に幼いパーツたちを守っている場合、「いごこちの自己」から防衛パーツたちに慰めや労いを届け、同時に、幼いパーツに共感していく、ということをバランスよくやる必要があります。幼いパーツに注目し過ぎて一気に解放させてしまうと、防衛パーツたちは、子どもが受けた傷つきが再演されると警戒し、幼いパーツたちをより一層守らなくてはと、さらに防衛を強めてしまうことがあるからです（Schwartz 2001）。

【ゾーン 4】 point☞① トリガー（引き金）とトラウマ的アタッチメントとの関連性を理解する

　自分を守ってくれる人と危険な人が同一の場合、愛着を求めるととたんに防衛が稼働するというのがトラウマ的アタッチメントです。つまり、他者からの愛情・優しさが逆にトリガー（引き金）になってしまうということです。すると、親密な関係はもちろん職場や友人などの関係でも、些細なことがトリガーとなり穏やかさや安定を欠いたものになってしまうのです（Fisher 2017）。

・愛着パーツが触発され、「守ってもらえる」「大事にしてもらいたい」という幼いパーツのあこがれが増幅する
↓
・相手を信じ頼ることで無防備さと脆弱性を感じるようになったたたかう防衛パーツが、警戒感を高める
↓
・たたかう、逃げる、凍りつく、服従するなどのパーツがその防衛を行使する。

↓

・そして関係が破綻し、愛着パーツが打撃を受ける、

　という流れを繰り返す

　安心をほんの少しずつ神経系に導入していくとともに（【ゾーン1】）、このパターンにはまる前に、強化された「いごこちの自己」（【ゾーン3】）が発端となる愛着パーツとの癒やしの関係を築いていくことが重要になります。

【ゾーン4】 point☞② 防衛パーツたちを労う

　様々な防衛パーツたちに「いごこちの自己」から慰めや労いが届くことを目指します。

　1．治療抵抗を示すパーツ：その懸念を聴いてあげて、共感し、信頼を得るということが大事なプロセスになります。そして「何を心配しているのか？」を聴いていきます。「セラピーで自分が成長し、真の大人になったら、他者の世話をするのではなく自分と向き合わなくてはならないから」、「忠誠を尽くしてきた家族とはもう暮らせなくなるから」、「自分を抑えて続けてきた関係性を終わらせてしまうことになるから」（Schwarz 2017;2019）などを心配してくれていることがよくあります。

　2．「いじわる」パーツ、加害者エネルギーを持つパーツ：幼いパーツを守ろうとしてくれています。今までたくさん人を傷つけてきた

ので、自分は許されないと思っていたりもします。しかし、いったんその存在に気づいてもらえると、純粋に幼いパーツに愛を提供できる庇護者に変容してくれます。神経基盤がある程度できたら、その存在を認識して、「ずっと、いてくれているんだね」と、ただ気づきを向けてあげましょう。

3．自己批判パーツ、自己嫌悪パーツ：もう今や子どもではない環境で、自己批判や自分を小さく見せることが役立っているときはいつか、少し力を緩めても大丈夫なときはいつか、を検討し、交渉していきます。必要な時には働いてもらい、他の時にはリラックスして寛いでもらうということを提案していきます。

　ある程度「いごこちの自己」が強化されたら、瞑想の輪（図）をイメージして、全てのパーツたちを迎えて招きいれる（Fisher 2017）、もしくは内面にスペースを広げるためにパーツたちに今だけ少し後ろに下がってリラックスしてもらう（「ステップバック」）（Schwartz 2001）という方法もあります。どのパーツも排除されたり、消去されたりするわけではありません。パーツたちの働きのおかげで生き延びてこられたことに感謝をし、その肯定的な意図に「いごこちの自己」から敬意が示されるのです。

【ゾーン4】 point☞③「内的対話、協働、協調」～カンガルーの親子の関係をよくする

　過去に取り残されている幼い子どものパーツたちを、現在の「いごこちの自己」がいるところに連れてきてあげましょう。ある程度

瞑想の輪

「いごこちの自己」が強化されていないと、今に連れて来て、安心を提供してあげようとは思えないかもしれません。ですから【ゾーン3】の反復が必要なのです。大人の自分が、過去の安心や癒やしの資源の少ないところにいる子どもに会って、「現在」に招き、今の環境での大人のあなたから共感、思いやり、受容を向けてあげます。

・まずは幼い子どものパーツに、その存在を知っていることを伝える
・そのパーツに何か聴いて欲しいことはないか、尋ねてみる
・共感を伝え、今は大人の自分が一緒にいることを教えてあげる
・そのとき得られなかったことで、何か今、大人の自分ができることはないか聞いてみる（「大丈夫だよ」、と安心させてあげる、「一緒にいるよ」と声をかけてあげる、温かい抱擁を届けてあげる、などが多いです。ある程度、毎日決まった時間を幼いパーツと相談して、イメージのなかでそのパーツと出会い、安心させてあげることを反復してみます。）

　1章に出てきたEさんは、自分が尽くしてきた上司から言われた些細な一言がトリガー（引き金）となり途端に怒りだしたのは、自分を安心させてくれない親たちのもとで生き延びてきた防衛適応によるものだと理解しました。そして、職場では幼いパーツが傷つかないように「いごこちの自己」が心のなかで声をかけて守ってあげるよう実践しました。それ以降は、上司とのやりとりでは、子どものパーツの褒められたいという欲求からではなく、職務がうまくいくように集中できるようになりました。

ここで「昔の記憶を思い出し、それに働きかける必要はあるのか」、という疑問を持つ方もいるでしょう。それは、働きかけているパーツが望んでいればということになります。必ずしも過去の記憶に働きかけなくても、今の自分と過去の子どもだった自分との間に受容や共感が生まれ、今に安心を感じて両者の間で安定型のアタッチメントが築かれていればそれでよいのです（Fisher 2017）。神経系の自己調整とレジリエンスを目指しながら、内的な安定型のアタッチメントを確立し、それでも触発される過去の防衛策に忍耐強くユーモアを持って向き合っていくということが必要になるのです。

　「解決・変容」の段階である【ゾーン2】では、サバイバルに浪費していた本来の生命のエネルギー（活力）を取り戻し、【ゾーン4】では自分の様々なパーツたちに共感と思いやりを届け、自己内に調和が広がるということが目標です。ここまで来ると到達するのが「存在そのものを喜べる」「いるだけで心地よい」という状態です。何かを成し遂げたり、目的に向かって動いたりする活動や可動（human-doing）の充実感ももちろん素晴らしいですが、ただ在るという人間の本質を実感できる（human-being）時間がさらに増えて充実していきます。こうなると神経系の調整とレジリエンスに基づいたエネルギーで、目の前のことに集中したり、休んだりしながら創造性や解決策が訪れるのをただ待っていればよい状態なので、今までより相当余裕が生まれます。癒やしとは、このように自分にも他者にも遊ぶように軽やかに貢献していけるということなのかもしれません。

4章

生きづらさから癒やしへ

　本章では、ゾーンごとのアプローチが実際どう行われるか、事例を示していきます。

私たちは防衛反応 / 適応を駆使して、今まで生き延びてきました。ここからは事例をご紹介していきます。

　臨床の現場で私が日々何をやっているかというと、ご本人の防衛策を当然のものとし、今はかつてのような防衛反応 / 適応を使わなくてもよいということを、少しずつ習得するためのお手伝いをしているのです。

　私はセラピストとして、お客様に何が起きているのか分からず対応できなかったこともありました。「調整」が必要なところに「解決・変容」の要素を取り入れ、余計防衛を強めてしまい再トラウマ化を引き起こしてしまうことも何回かありました。また、他者からの愛情や優しさによって癒やされたいという「愛着パーツ」のニーズのみに応えてしまい、トラウマ的アタッチメントを強化し、時間外の対応、おびただしいメール、防衛パーツさんたちからの攻撃や罵倒などに悩まされたこともあります。

　生きづらさを何とかしたいというあなたにも、そして臨床家や支援者の方々にも、お互いにこうしたエネルギーの消耗を防いでもらえたらと願い、4つのゾーンを特定し、介入していくこのアプローチを考えたのです。

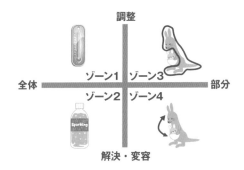

ひきこもりの事例　俊之さん（仮名）　男性35歳

ご本人曰く、「過敏でストレスに弱い。人といるのが苦手」

　母親と同居している。初来談時はバイトを辞めた直後。バイトは週2回程度の単純作業ができるときもあるが、ストレスが溜まると過緊張になって行けなくなる。緊張がある程度続くと今度はうつ状態になり「力が出なくなる」。そうなると、おおかた家にひきこもってしまう。もう長い間精神科に通院し、一時はデイケアに通ったこともあったが合わなかった。たくさんカウンセリングを受けた。「家族のこととかをいろいろ聴かれたあげく、わけのわからない療法を試され、全く効かなかった。正直うんざりしている」と語る。

　父親は幼少のころからずっと俊之さんの母親に暴力をふるい、6年前に他界。母親はそんな夫にいつも怯えていた。俊之さんは、小学校入学当初からよく風邪を引き学校を休みがちだった。次第に仲間に入れなくなり、いじめにあうようになった。小学校2年生の夏休み明けからからだんだん学校に行けなくなって、中学校、高校も不登校が続いた。痩身で、血色が悪く、初回からしばらくはマスクや帽子をセラピールームのなかでも着用していた。

来談当初の様子

　5年前、俊之さんが、はじめて来室したときはサバイバル状態に

見えました。とても緊張し、イライラがこちらにも伝わってきました。表情が固く、声もかすれてあまり出ていませんでした。うつ状態のときは反応が鈍く、低エネルギーで、少しの受け答えもしんどそうにしました。

　いずれにせよ、人と心地よくいるための生理的な状態におらず、神経系は常に防衛状態でいなくてはならず、協働調整が非常に難しいようでした。まずは、神経系が人といるために必要なコンディション、つまり神経基盤づくりに取り掛かりました。

介入

　統合失調症という診断はありましたが、成育歴からも様々なことが考えられます。発達性トラウマや発達でこぼこ（自閉スペクトラム症）も視野にいれながら防衛策の在り方を見ていきます。このアプローチでは常に神経系のニーズは何かを大事にします。まずは過緊張が際立って存在することから、俊之さんと私は、主に神経基盤の構築に集中します【ゾーン1】。常にサバイバル状態にいるところから、安心の感覚を少しずつ導入し、定着させていくことを目標にセッションを進めていきます。また、日常で交感神経の緊張を発散するような軽い運動や筋トレをしてもらい、【ゾーン2】にも働きかけます。

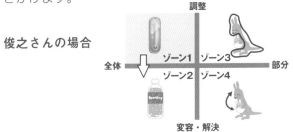

俊之さんの場合

ポイントの実践
【ゾーン１】
①安心のセンサー（ニューロセプション）を洗練させる
②背側迷走神経系（不動状態）に落ち込むパターンを改善する
③アタッチメントの４つの要素に働きかける
【ゾーン２】
③日常レベルでの発散を心がける

【ゾーン１】①安心のセンサー（ニューロセプション）を洗練させる

　最初は、どのように会話をすればよいのか分からない様子でとても緊張し、不快そうにしていました。自律神経系のことをやさしく説明しながら、安心のメカニズムであるニューロセプションに働きかけました。ご本人が圧倒されない程度に声に少し抑揚をつけて話し、彼のサバイバル状態に同期しないようにします。セラピスト自身が自分の防衛反応に気づき、肩の力を抜いたり、呼吸を深めたりして自分の防衛からくる緊張を緩めるように努めます。俊之さんが、説明に少し集中してきてくれたら、こちらは話しながら、わずかな拡張と収縮のリズムをキャッチできるか探っていきます。呼吸が入って、出て、というリズムがセラピストと同期してきたな、と思ったら、外受容感覚である周りを見回す、耳に入ってくる鳥の声や空調の音を聞くなどを導入していきます。
　また、誰かといることで穏やかな感覚になれるという協働調整を

目標にします。かつ、人といるにもかかわらず休める、という時間（休息・消化の背側迷走神経系にいる状態）も合間、合間に導入します。自分で腎臓に触れてもらったり、5つの動作（p.12、p.79）を一緒にやったりしました。何気ない会話や日常で気づいたこと、困ったことなどを聴きながら「いごこち神経」のゾーン（神経基盤）に少し留まれるように導いていきます。「ここでは、変なことやっていると思っているよね〜」などと声がけをしながら、ご本人が通い続けている努力に敬意を表します。

　「いごこち神経」のゾーンが非常に狭く、刺激に脆弱で、全体で総力戦をしている主に【ゾーン1】の介入が必要な方々にとっては、外出してセッションに来るだけでも大変なのです。いろいろな刺激に耐え、自分の反応に圧倒されながら、やっと目の前にいてくれています。ですから、ここでトラウマがどうだとか、家族がなんだのと一般的にカウンセリングでやるものは行いません。緊張や遮断といった長年の負担を少しずつ降ろしながら協働調整へ、人といながらも安心していられる、という「いごこち神経」ゾーンにいられる時間を徐々に増やしていきます。

　セッションが半年位続いた後、悪い時が減ってきたと報告してくれました。過覚醒、過緊張が和らいできた状態です。しかしまだサ

バイバル状態であることは変わらず、調子が悪いときは、漠然とした不安や違和感が強まってしまうということでした。１年半を過ぎたころから、簡単なやり取りでもすぐに攻撃的になったり、何を言ってもはじめはいったん否定する、という余裕のなさによる防衛的なやりとりが和らぎはじめました。安心という内受容感覚が少しずつ積み上げられていきました。

【ゾーン１】 ②背側迷走神経系（不動状態）に落ち込むパターンを改善する

　俊之さんのうつ状態、背側迷走神経系の極度の温存状態（低覚醒側の不動状態、凍りつきなどに入ること）の多用については、次のような試みをしていきました。このパターンは神経系の「クセ」なので、ただ休むだけなのに極度の温存状態に入ってしまいます。神経の基盤が使えないサバイバル状態ならば、休むときの選択肢は極度の温存状態しかないからです。ですから極度の温存状態に入りそうな、その瞬間を捉えていきます。たとえば、呼吸が過度に浅くなってボーっとしているようになる、「今ここ」にいる感じが薄くなってくるなどの兆候が出たら、腹側迷走神経系を働かせるために軽く

会話をふってみたり、周りを見回してもらったり、ということをします。今は神経系に別の選択肢があるということを習得していくことで、緊急事態の状態を使わなくても済むことを体得していきます。

【ゾーン１】　③アタッチメントの４つの要素に働きかける

　会話がだんだんなくなり間がもたなくなったときは、自分の手で腎臓に触れるなどのセルフタッチを一緒にやったり、マスキングテープやステッカーなどをスケッチブックに貼ったりして手を動かしながら会話することを試みました（３章の【ゾーン１】参照）。何らかの作業を共にすることで、つながること、会話を続けることへのプレッシャーが少なくなり、「いごこちの神経」に自然といられる時間が増えていきます。こうして、【ゾーン１】③のアタッチメントの４つの要素、「安心の天国」の経験が徐々に出来てきました。

【ゾーン２】　③日常レベルでの発散を心がける

　また、同時に高い交感神経系の緊張や興奮とそれに続くうつ状態を解消していくために、調子がよくて外出が可能なときは、軽いウォーキング、ジョギング、筋トレなどをしてもらい、日常でエネルギーの発散を宿題にしました。

　３年後、神経系が拡張と収縮のリズムを帯びてくると、俊之さんは防衛的ではなくなり、会話にもご本人なりのやさしさなどが見え隠れするようになりました。あまり調子を崩すことがなくなったので外出が増えてきたり、梱包の仕事も始めました。見た目も少ししっ

かりと安定した感じになりました。対面していてもサバイバルの防衛反応でいなくても大丈夫という感覚に気づきを促せるところまできました。

　現在は、調子を崩すことはあるけれども、不安や緊張を俯瞰できる時間が増えてきています。バイトに行けないときもありますが、母親との会話が少しずつ円滑になってきました。全体での総力戦が少しずつ解消されてきたら、引き続き「全体（防衛反応）」の【ゾーン１、２】のことをやりながら、今後は「部分（防衛適応）」の【ゾーン３、４】の「いごこちの自己」を強化したり、内的な対話を少しずつ成立させていく方向へ進んでいきます。

関係性の困難、自傷、過食の事例　理香さん（仮名）女性　41歳

編集者として出版社に勤務。職場で浮いてしまう、対人関係では距離感がつかめないというのが主訴。

　同性でも異性でも、頼れそうな人を見つけると感情的依存が激しくなり、職場や私生活で、注目を引きたいための言動に、どんどん周りが消耗させられ離れていく。

　魅力的な外見から次々とボーイフレンドはできるが、いわゆる「こじらせ系」であることがすぐに露呈し、その重たさから距離を取られる。周りの女性たちはやっかいなことに巻き込まれないように特に敬遠している。

　自分の価値を少しでも下げられたと感じると、尊大な態度

に出たり、または子どものように退行し脆弱さを見せる。担当する新人の作家たちに意地悪な態度、虐待的な扱いをしてしまい「ハラスメントだ、担当を変えてほしい」等のことを言われたことが多々ある。最初は良好でも、作家や仕事相手との関係が徐々にうまくいかなくなり、ついにはヒートアップしたメールでのやり取りで法外な著者買取り分を要求してしまったことが会社に知れた。そして、職場での立場が危うくなった。

　途方に暮れ、2年前、カウンセラーに助けを求めた。いつもさみしい、孤独、うまくいかない、自分は犠牲者、を繰り返す。関係が破たんすると自傷や過食といった自己破壊行為に走る。初回来室時には、「これまでの医師たち、カウンセラーたちから、トラウマを受けた」と語り出した。

来談当初の様子

　2年前、理香さんがはじめて来室したとき、挨拶も早々に、こちらの目が回るほどの速さで話し出しました。一見語彙が豊かなようでしたが、内容はあまりなく、矛盾しているところが多くありました。これは様々なパーツたちの活発な活動を意味します。そして、セラピストの共感を引き出そうと必死にしがみつく「愛着パーツ」がつながりを作ろうと頑張っていました。つながりの神経である腹側迷走神経系からではなく、サバイバル状態の愛着パーツの「注目を一身に得たい」という努力は、見捨てられた幼い子どもが健気で痛々しく振る舞っているように見えました。彼女と一緒に「いごこ

ちの自己」を強化して、パーツたちに共感や慰めといった内的な愛
着関係をつくっていくことが課題になりました。

介入

　まずは、一番の基礎であり中核である神経基盤を構築し、安定化
を目指していきます（【ゾーン1】①）。そうすることで、カンガルー
の親である「いごこちの自己」が強化され、パーツたちに気づける
ようになります（【ゾーン3】）。一緒にトラウマ的アタッチメント
のメカニズムを理解し、反応的になる時間を短く、そして頻度を減
らしていきます（【ゾーン4】）。

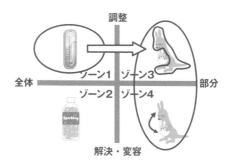

理香さんの場合

（【ゾーン1】に加えて）【ゾーン3及び4】でやること
【ゾーン3】
①神経生物学的なアプローチ（【ゾーン1】）からの「いごこ
　ちの自己」の強化
②サバイバル状態の統制を日常で練習する
③防衛パーツたちを認識する

【ゾーン４】
①トリガー（引き金）とトラウマ的アタッチメントとの関連
性を理解する
②防衛パーツたちを労う
③「内的対話、協働、協調」〜カンガルーの親子の関係をよ
くする

【ゾーン１】　①安心のセンサー（ニューロセプション）を洗練させる

　まずは【ゾーン１】に取り組むことで【ゾーン３】の①「いごこちの自己」を強化します。話を聴いてもらいたいと必死ですがり、すごいスピードで自分の惨状を話し、泣き崩れる彼女。お話を聞き、共感してはお休みを入れて、交感神経系が駆け上っていくのをいったん鎮める、ということを繰り返します。愛着パーツが共感を得たいというニーズが非常に高いのを念頭に置きながら、反応を観察できるような「いごこちの自己」の状態にいられる時間を一緒に築いていきます。

　話を聴きながら、理香さんとの同調のリズムに気を配りつつ、少しでも落ち着いたり、よい内受容感覚が訪れた僅かな間を捉え、その身体感覚を少し感じてもらいます。その落ち着いた状態とつながりながら部屋の中や窓の外を見てもらったり、こちらが表情や声の抑揚を使って彼女の交感神経系の駆け上がるスピードをコントロールしながら、外受容性意識／感覚へとすかさず移動するということを繰り返します。

こうすることで、理香さんに、自分が語ったことで圧倒され、混乱するということがないという経験に気付いてもらいます。神経系に拡張と収縮のリズムを作るということを行なっています。

　ここで気を付けたいのは、彼女のようにアタッチメントが十分に形成されていない場合、もちろんセラピストからも含めて、自分以外の誰かから癒されたいという強い欲求を持っていることです。これは当たり前のことです。でも、この欲求に答えてしまうとトラウマ的アタッチメントの罠にはまります。すると、愛着パーツがセラピストを信じ無防備にならないように、防衛パーツたちが稼働しなくてはならなくなります。トラウマ的アタッチメントでは、「関係性のなかで癒やされる」のではなく、「自分のなかに癒やしの関係性を作る」ということに従事する必要があります。
　幼い頃に逆境的体験について語り、聴いてもらえた子どもというのはあまりいません。ですから、語る（ナラティブ）は重要な役割を持ちます。しかし、共感を使いながらも、本人の「いごこちの自己」が愛着パーツを慰められる力をつけていくというのが目標であることを忘れずにいるようにします。私はよく「ここには理香さん

と私の2人の大人がいて、理香さんの子どもの頃のつらさを聴いているんです」という言い方をしたりします。話を聴かないわけでもなく、または、聴き過ぎて愛着パーツの欲求のみを満たすわけでもありません。

【ゾーン3、4】「いごこちの自己」から自己内愛着の構築へ

　共感を使い、よい内受容感覚による神経基盤を築きながら（【ゾーン1】の①ニューロセプションを洗練させる、及び【ゾーン1】③アタッチメントの4つの要素）、カンガルーの親を強化して（【ゾーン3】①「いごこちの自己」の強化）、理香さんとトリガーを解明し、サバイバル状態の統制のためのレスキューレシピを作ってみます（【ゾーン3】②サバイバル状態の統制）。こうして自分のなかのパーツたちの活動について興味をもってもらいます（【ゾーン3】③防衛パーツたちを認識する）。

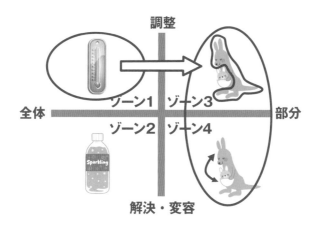

【ゾーン3】　②サバイバル状態の統制を日常で練習する
【ゾーン4】　①トリガー（引き金）とトラウマ的アタッチメントとの関連性を理解する

　セッションのなかで理香さんと一緒に、何が幼いパーツのトリガー（引き金）になるのかを探っていったところ下記のようなことが挙げられました（【ゾーン4】①トリガーとトラウマ的アタッチメント）。

<u>どんなときに幼いパーツさんたちが痛手を負い、「防衛パーツ」さんが発動してくれるか</u>

・気に入られたい上司からミスを指摘されたとき
・関係がうまくいっていた仕事の相手に自分の未熟さや足りなさが
　露呈し、プライドが傷ついたとき
・同僚からランチに誘ってもらえなかったとき
・彼が待ち合わせに遅れて来たとき
・（友人や彼が）LINEを既読にしたまま返信をくれないとき

　要は、「自分には価値がない」、「自分は大事にされていない」と愛着パーツが寂しさや落胆を感じると、防衛パーツたちが、相手を責めたり、攻撃したり、無視したりといった行動を取り、そうする

と、恥じたり、恐怖にさいなまれたりして過食や自傷をして、事態を余計悪化させてしまうということが分かりました。

　理香さんは自分のパターンを「自律神経系のクセ」と呼ぶことに快く同意してくれたので、「これは自律神経系のクセです。」と書いたものを携帯の待ち受け画面にしばらく入れてもらい、サバイバルの状態に巻き込まれないことを練習していきました。日常生活のなかで毎日決めた時間に、少しだけレスキューレシピを練習し（彼女の場合は「猫の写真を見る」や「キラキラのネイルを見る」でした）、「いごこちの自己」を強化していきます。さらに、一日2分でもよいので、「安心のタネを育てる」ワーク（浅井 2021）のなかの、人の声のような伸びや抑揚があるような音楽を聴くなど（腹側迷走神経系を刺激する）を試みてもらうと、トリガーされるときはあっても、落ち着くまでの時間が短くなり、過食や自傷などの行為の頻度も強度も和らいできました。ちなみに彼女は二胡の音色が落ち着いて快適だと教えてくれました。

　そうすると、愛着パーツに端を発して、攻撃的になったり、落ち込んだりする自分の「防衛適応」を自分の一部分、パーツたちとして捉えられるようになっていきました。

【ゾーン4】
②防衛パーツたちを労う
③「内的対話、協働、協調」〜カンガルーの親子の関係をよくする

　彼女は現在、自分がいかに葛藤を抱えるような環境に育ったかを少しずつ振り返ることができるようになっています。自分の子どもに無関心で仕事一辺倒の父親と、感情の起伏が激しく自己中心的な

母親からの心理的な虐待によって、いつも愛情を欲していました。しかし得られない状態にあったことが、自分の激しい「防衛適応」を引き起こしていることに気づきました。そして、彼女は今、自分の幼いパーツたちに「いごこちの自己」からなぐさめを届けることを始めています（【ゾーン４】③内的対話）。他者と軋轢を生むパターンは自分のなかの満たされない寂しがっている子どもたちを守る防衛パーツたちによるものだと知ると、自他につらく当たるということが和らいできました（【ゾーン４】②防衛パーツたちを労う）。

　自分のなかのパーツたちに気づき、癒やしを届けるのはとても根気が必要な作業です。

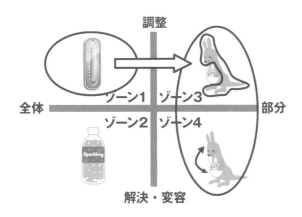

彼女は神経基盤を作ることに取り組みながら、他者に感情的に依存をして失望を繰り返すのではなく、自分の中に健全な愛着を育てる作業を進めています。こうしてトラウマ的愛着から、内的な安定型愛着をめざし、関係性のいきづまりに苦しむ「こじらせ系」から、生きやすさ、気楽さと責任を謳歌する大人の生活を獲得し始めているのです。

あとがき

　本書は、セラピストとして「失敗から学んだこと」を言葉にしてまとめてみました。「神経自我統合アプローチ［Neuro-Ego Integrative Approach］」という講座名で専門家の方々にお伝えしている内容を文章にし、『「いごこち」神経系アプローチ』というタイトルをつけました。

　書籍にしたいと思った理由はいろいろありますが、一番大きな動機は、トラウマを癒やそうと必死になっている方々や支援したいと思っている方々にひとつの道標をお伝えしたかったからです。

　実際、問題を抱えている方たちから、「こういうことって一体どこで知るの？」「どこで学んだらいいの？」「神経のことをやるセラピストになりたいんだけど・・・」などと相談されることが多く、何らかのまとまった形での啓蒙や情報の提供ができたらなぁ、という思いをこの本にしてみました。

　セラピーに時間やお金、エネルギーを投資する、またはしようとしている皆さんが安全に癒やされ、成功体験をしてほしいとの願いから４つのゾーンを紹介しました。この４つのゾーンを知ることで、どんなアプローチをしたらよいのか、何となく分かってもらえたらうれしいです。この世のなかをサバイバル状態で生きる必要はもうないことに徐々に気づくことで、適度な距離感を保ちながら、自分も他者も大事にしながら生きるという人間としての歓びに出会えます。自律神経系のクセ（手続き記憶である「いつものあのパターン！」）を新しいものに切り替えていくには反復しかありません。少しずつ本書を参考に、日々実践してみて下さい。痛くない歯医者さんは選べても、歯磨きは自分で日々やるものなのです。そしてで

きるのです！

　また、支援をする側の方々には、疲弊することなくセルフケアをしながら、本書の情報をご本人に「カスタマイズして、潜在的に、うすめて」安全に使っていってほしいと思います。どうか快適に、トラウマの癒やしという旅のお供をしていってほしいのです。

　冒頭のお話を作りながら私自身、自分の子ども時代を救ってくれた一つの要素は、絵本やお話だったことにようやく気づきました。本は私の心を和ませ、寄り添ってくれました。誰からも理解されない毎日の苦しみや悲しみを知っていてくれたのは、「本たち」でした。今苦しい方々が、安全を保ち、適切な行動が取れて、人間としての尊厳を回復するのに少しでもお役に立てたら、と願っています。精神医学的見地から三家クリニックの精神科医、三家英彦先生にご助言を頂きました。本当にありがとうございました。

　最後に、少しでも多くの人が癒やされる情報を届けようとしている出版社、梨の木舎の羽田ゆみ子代表、内容と向き合いながら伝わるようにと心を込めて編集をしてくださったNPO法人レジリエンスの栄田千春さん、絵本の要である素晴らしいイラストを描いてくださった大越京子さん、デザインをしてくださったエコ・フィールド宮部浩司さんに心から感謝を申し上げます。

　また、この本を書こうと思ったきっかけをくれた、私のクライアントさんたちにもお礼とエールを送りたいです。いつも見守ってくれている私の愛する大切な方々、執筆の苦しさを理解してくれてどんなに助けられているか分かりません。支えに感謝しながら、読んでくださっている皆さんやその周りの人にも生命の活力、穏やかさ、安心と安定が広まりますように。

浅井咲子

参考・引用文献

Ainsworth, M.D.S., Blehar, M.C., Waters, E., & Wall, S. (1978) Patterns of Attachment: Psychological Study of the Strange Situation. Hillsdale: Lawrence Earlbaum Associates.

Anderson,F.,Schwartz,R.& Sweezy,M.(2007). Internal Family Systems Skills Training Manual: Trauma-Informed Treatment for Anxiety, Depression, PTSD & Substance Abuse. Eau Clarie, WI: PESI Publishing & Media.

浅井咲子『安心のタネの育て方 - 不安・イライラがすっと消え去る』（大和出版、2021 年）

浅井咲子『「今ここ」神経系エクササイズ - はるちゃんのおにぎりを読むと他人の批判が気にならなくなる』（梨の木舎、2017 年）

浅井咲子・田島功『自律神経セルフメンテナンス』（非営利活動法人 ratik 2014 年）
安保徹『安保徹の病気にならない免疫の仕組み（図解雑学）』（ナツメ社、2008 年）

Dana, D.(2018). The Polyvagal Theory in Therapy: Engaging the Rhythm of Regulation. New York: W.W. Norton & Company, Inc.（『セラピーのためのポリヴェーガル理論』花丘ちぐさ（訳）、春秋社、2021）

Fisher, J. (2017). Healing the Fragmented Selves of Trauma Survivors: Overcoming Internal Self-Alienation. London, Routledge. （『トラウマによる解離からの回復―断片化された私たちを癒す』浅井咲子（訳）、国書刊行会、2020）

Kain,K. & Terrell, S. (2018). Nurturing Resilience: Helping Clients Move Forward from Developmental Trauma--An Integrative Somatic Approach. Berkeley, CA: North Atlantic Books.（『レジリエンスを育む - ポリヴェーガル理論による発達性トラウマの治療』花丘ちぐさ、浅井咲子（訳）岩崎学術出版社、2019）

貴邑冨久子・根来英雄『シンプル生理学（改訂第 6 版）』（南江堂、2008 年）
Kline, M., & Levine, P. (2006). Trauma through a child's eyes: Awakening the ordinary miracle of healing. Berkeley, CA: North Atlantic Books.

Kline, M., & Levine, P. (2008). Trauma proofing your kids: A parents' guide for instilling confidence, joy and resilience. Berkeley, CA : North Atlantic Books.（『子どものトラウマ・セラピー自信・喜び・回復力を育むためのガイドブック』浅井咲子（訳）雲母書房、2010）

Kunchinskas, S. (2009). The chemistry of connection: How the oxytocin response can help you find trust, intimacy, and love. New Harbinger Publications, Inc.（『愛は科学物質だった！？－脳の回路にオキシトシンを放出すればすべてハッピー』白澤卓二（監修）ヒカルランド、2014）

久保隆司（2011）.『ソマティック心理学』（春秋社、2011 年）

串崎 真志『ふれる／ふれられることの心理学：社会性の基盤を探るタッチ研究』（非営利活動法人 ratik、2014 年）

花丘ちぐさ『その生きづらさ、発達性トラウマ？－ポリヴェーガル理論で考える解放のヒント－』（春秋社、2020 年）

Heller.L, & Pierre,A.(2012). Healing Developmental Trauma: How Early Trauma Affects Self-Regulation, Self-Image, and the Capacity for Relationship. Berkeley, CA: North Atlantic Books.

Levine, P. (1997). Waking the tiger: Healing trauma: The innate capacity to transform overwhelming experiences. Berkeley, CA: North Atlantic Books.（『心と身体をつなぐトラウマ・セラピー』藤原千枝子（訳）雲母書房、2008）

Levine, P.（2010). In an unspoken voice: How the body releases trauma and restores goodness. Berkeley, CA : North Atlantic Books.（『身体に閉じ込められたトラウマ・ソマティック・エクスペリエンシングによる最新のトラウマ・ケア』池島良子他（訳）星和書店、2016）

Levine, P. (2015). Trauma & memory: Brain and body in a search for the living past. Berkeley, CA: North Atlantic Books.（『トラウマと記憶 - 脳・身体に刻まれた過去からの回復』花丘ちぐさ（訳）春秋社、2017）

Liotti, G. (2011). Attachment disorganization and the controlling strategies: an illustration of the contributions of attachment theory to developmental psychopathology and to psychotherapy integration. Journal of Psychotherapy

Integration, 21(3), 232–252.

Main, M.& Solomon, J. (1990) Procedures for identifying infants as disorganized/disoriented during the Ainsworth strange situation. In M.T.Greenberg, D. Cichetti & M. Cummings (Eds). Attachment in the preschool years :Theory, research, and intervention. Chicago: University of Chicago Press. pp.121-160.

Marchetti, L (2015). Dragons & Daisies: Keys to Resolve Baffling Behavior in Early Childhood Education. San Rafael, California. Rafael Books.

Morse, K. R., &Wiley, M. S. (2012). Scared sick : The role of childhood trauma in adult disease. New York: Basic Books.

Nakazawa.D. J. (2015). Childhood Disrupted: How your Biography becomes your biology and how you can heal. New York, The Elizabeth Kaplan Literary Agency, Inc.
(『小児期トラウマがもたらす病：ACE の実態と対策』清水由貴子(訳) パンローリング社、2018)

Netter, F.H. (2011). Atlas of human anatomy. 5th ed. Philadelphia, PA: Saunders. (『ネッター解剖学アトラス（原書 第 5 版）』相磯貞和（訳）南江堂、2011)

Ogden, P., Minton, K., & Pain, C. (2006). Trauma and the body: a sensorimotor approach to psychotherapy. New York: W.W. Norton & Company, Inc.

（『トラウマと身体 - センサリーモーター・サイコセラピー（SP）の理論と実践―マインドフルネスにもとづくトラウマセラピー―』太田茂之（監訳）星和書店、2012）

Phillips, M. (2000). Finding the energy to heal: How EMDR, Hypnosis, TFT, Imagery, and body focused therapy can help restore mindbody health. New York: W.W. Norton& Company, Inc.（『最新心理療法―EMDR・催眠・イメージ法・TFT の臨床例』田中 究（監修）、春秋社、2002 年）

Phillips, M. & Kain, K. (2016).　Resilience: Resolving the somatic symptoms of early trauma. http://bestpracticeintherapy.com

Phillips, M. & Porges, S.W. (2016).　Connectedness: A Biological imperative. http://bestpracticeintherapy.com

Porges, S.W. (2004). Neuroception: A subconscious system for detecting threats and safety. Zero to Three. 24(5), 19-24.

Porges, S. W.(2011). The polyvagal theory: Neurophysiological foundations of emotions, attachment, communication, and self-regulation. New York: W.W.
Norton& Company, Inc.

Porges, S. W. (2017). The pocket guide to the polyvagal theory: The transformative power of feeling safe. New York: W.W. Norton & Company, Inc. (『ポリヴェーガル理論入門 - 心身に変革を起こす「安全」と「絆」』花丘ちぐ

さ（訳）春秋社、2018）

Rothchild, B. (2000). The body remembers: Pcyhophysiology of trauma and treatment.
New York: W.W. Norton & Company, Inc.
（『PTSD とトラウマの心理療法―心身統合アプローチの理論と実践』久保隆司（訳）創元社、2009）

Schwartz, R. (2001). Introduction to the Internal Family Systems Model. Oak Park, IL: Trailhead Publications.

Schwarz, L., Frank Corrigan, Alastair Hull and Rajiv Raju (2017). The Comprehensive Resource Model：Effective therapeutic techniques for the healing of complex trauma.
London & New York, Routledge.

Schwarz, L.(2019). Harnessing the Power of Perpetrator Parts. https://traumaedessentials.com/products/lisa-schwarz-august-2019

Shore, A. N.(2003). Affect dysregulation and disorders of the self. New York: W.W. Norton.

Siegel, D. J. (1999). The developing mind: How relationships and the brain interact to shape who we are. New York: The Guilford Press.

Siegel, D. J., & Hartzell, M. M. (2003). Parenting from the inside out: How a deeper self-understanding can help you raise children who thrive. New York: Penguin Group Inc.

津田真人『ポリヴェーガル理論を読む―からだ・こころ・社会』（星和書店、2019 年）

高橋長雄（監修）.『図解雑学からだのしくみ』（ナツメ社、1997 年）

Tolle,E.(1999). The power of now: Guide to spiritual enlightenment. Novato, CA: New World Library.（『さとりを開くと人生はシンプルで楽になる』あさりみちこ（訳）飯田史彦（監修）、徳間書店、2002）

Van der Kolk, B.A. (2014). The body keeps the score: Brain, mind, and body in the healing of trauma. New York: Viking press.（『身体はトラウマを記憶する‐脳・心・体のつながりと回復のための手法』、柴田秀之（訳）、杉山登志郎（解説）、紀伊國屋書店、2016）

Van der Hart, O., Nijenhuis, E.R.S., & Steele, K. (2006). The haunted self: structural dissociation and the treatment of chronic traumatization. New York: W.W. Norton.（『構造的解離：慢性外傷の理解と治療』 野間俊一、岡野憲一郎監訳、星和書店、上巻、2011）

山口創 『手の治癒力』（草思社、2012 年）

お役立ち情報

NPO 法人レジリエンス　レジリエンスオンライン
デジタル絵本「はーとのおへや」＆作者・浅井咲子さんインタビュー（動画）
https:// note.com/resilience/n/n9cbb8f31fd92

ご協力

かわいいフリー素材集 いらすとや（irasutoya.com）
https：//www.irasutoya.com

略歴

浅井咲子 （あさいさきこ）

公認心理師、神経自我統合アプローチ（NEIA）開発者。

外務省在外公館派遣員として在英日本国大使館に勤務後、米国ジョン・F・ケネディ大学院カウンセリング心理学修士課程修了。現在、セラピールーム「アート・オブ・セラピー」代表。トラウマによる後遺症を一人でも多くの人に解消してもらうべく多数の講演・講座をしている。

著書に『「今ここ」神経系エクササイズ』、『「いごこち」神経系アプローチ』（梨の木舎 2017 年 /2021 年）、『安心のタネの育て方』（大和出版 2021 年）、『こころがほぐれる塗り絵』（ブティック社 2022 年）〔監修〕他、翻訳書に P. ラヴィーン /M. クライン著『[新訳版] 子どものトラウマ・セラピー』（国書刊行会 2022 年）、K. ケイン /S. テレール著『レジリエンスを育む』（岩崎学術出版 2019 年）〔共訳〕、J. フィッシャー著『トラウマによる解離からの回復』（国書刊行会 2020 年）、『内的家族システム療法スキルトレーニングマニュアル』（岩崎学術出版社 2021 年）〔共訳〕、『サバイバーとセラピストのためのトラウマ』（岩崎学術出版社 2022 年）がある。

「いごこち」神経系アプローチ
～4つのゾーンを知って安全に自分を癒やす

2021 年 4 月 15 日　初版発行
2023 年 3 月 15 日　第 2 刷発行

著　者：浅井咲子
絵　　：大越京子
編　集：栄田千春
装丁・DTP：宮部浩司

発行者：羽田ゆみ子
発行所：梨の木舎
101-0061 東京都千代田区神田三崎町 2-2-12 エコービル 1 階
TEL:03-6256-9517　　FAX:03-6256-9518
contact@nashinoki-sha.com
http://www.nashinoki-sha.com/
印刷所：株式会社　厚徳社
ISBN 978-4-8166-2102-4 C0011

「今ここ」神経系エクササイズ 5刷

―― 「はるちゃんのおにぎり」を読むと、他人の批判が気にならなくなる。

浅井咲子 著　　A5変型判／100頁／定価1760円（税込み）

たった5つの動作で、神経の下ごしらえ（＝自己調整）ができます。あなたらしく生きるためのサーモモード（＝マイルドな神経系）を育てましょう！ 日常生活に神経系の知識を少しプラスすることで、今まで以上により柔軟に気楽に日常を送れるヒントを提供。

◉目次　おはなし　はるちゃんのおにぎり／はじめに／1章 神経系のはなし／2章 5つのエクササイズ〜神経の下ごしらえ／3章 サーモモードをつくり、レジリエンスのある生活へ／4章 神経系の発達／5章 気づきが癒し／参考文献／あとがき

978-4-8166-1707-2

傷ついたあなたへ 7刷

――わたしがわたしを大切にするということ

NPO法人・レジリエンス 著
A5判／104頁／定価1650円（税込み）

978-4-8166-0505-5

傷ついたあなたへ 2 3刷

――わたしがわたしを幸せにするということ

NPO法人・レジリエンス 著
A5判／85頁／定価1650円（税込み）

DVのサイクルから抜け出すには？　自分の感情を処理するには？
健全な関係とは？　そして自分らしく輝いて生きていくためには？
等々、解説に加えチェックリスト、書き込み式設問で、トラウマケアへの理解を深める、ワークブックシリーズです。

978-4-8166-1003-5

愛する、愛される【増補版】 2刷

――デートDVをなくす・若者のためのレッスン7

山口のり子・アウェアDV行動変革プログラムファシリテーター 著
A5判／128頁／定価1320円（税込み）

◉目次　1章 デートDVってなに？／2章 DVは力と支配／3章 もしあなたが暴力をふるっていたら？／4章 もしあなたが暴力をふるわれていたら？／5章 女らしさ・男らしさのしばりから自由に／6章 恋愛幻想
【増補】今どきの若者たちとデートDV

愛されていると思い込み、暴力から逃げ出せなかった――
◆ 愛する、愛されるって、ほんとうはどういうこと？

978-4-8166-1701-0